寺本康之の
政治学
The BEST PLUS

ザ・ベスト
プラス

PLUS

寺本康之 著

エクシア出版

はじめに

　「行政系科目を短期間で何とかしたい」という多くの受験生の声をきき、今回「政治学」の書籍を出版することになりました。正直、法律だけで十分……と考えていただけに、このシリーズを書くことになって自分自身でも若干驚いています。

　さて、政治学は教養試験の社会科学とも接点のある科目ですから、理解するのに苦労することはないでしょう。ただ、実際の範囲はかなり広いので、効率を意識して勉強しないと無駄に労力と時間を割いてしまうことになります。そこで、本書は政治学のこまごまとした議論は一切無視して、公務員試験で出題されるか否か、というたった1つの軸だけで範囲に絞りをかけました。そして、地方上級や特別区、国家一般職までを念頭におき「インプットの負担をできる限り軽減できるように」という私なりの思いやり（笑）を大切にして書き上げました。

　なお、過去問等は章末に一問一答形式にばらして載せることにしましたので、インプットとアウトプットを並行して行うことができるようになっています。これにより最短ルートで合格レベルにまで達することができると思います。受験生の皆様もきっと本書を気に入ってくれるのではないか、とひそかに期待しています。これからも私の書籍で学び、公務員試験に合格していく人が少しずつ増えていけば幸いです。

　最後に、私の拙い文章をいつも丁寧に整理し、私の良さを最大限に引き出してくれる堀越さんをはじめ、エクシア出版のスタッフの皆様に感謝申し上げます。

CONTENTS

How to use The BEST

1 政治権力

難易度 ★★★
頻出度 ★★★

政治権力は政治学の中では最頻出テーマの1つです。いろいろな学者が出てきますので、その学者名とその人が提唱した学説を一致させられるように頑張ってインプットしましょう。

難易度・頻出度
時間がない時は、難易度の★が少ないもの、頻出度の★が多いものから学習するのもアリです。

---

1 権力分立

　昔、ジョン・アクトン卿は「権力は腐敗する、専制的権力は徹底的に腐敗する」という言葉を残しました。これは、一人の権力者や機関に権力を集中させるのは、非常に危険であることを示したものです。それは絶対王政の歴史を考えれば明々白々です。そこで、**J.ロック**や**C.モンテスキュー**は、権力分立制を主張するようになりました。ただ、ロックとモンテスキューの権力分立は、その形態が異なります。次

学者などの人物名
Sランク… 黒い太字＋下線。
　　　　　必ず押さえておきたい、試験で頻出の超重要人物です。
Aランク… 黒い太字のみ。
　　　　　Sランクまではいかないものの、合格ライン到達に欠かせない重要人物です。

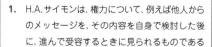

1. H.A.サイモンは、権力について、例えば他人からのメッセージを、その内容を自身で検討した後に、進んで受容するときに見られるものである

PLAY & TRY
実際の本試験問題で、インプットした知識を確認。正誤の判断が即座にできるようになるまで繰り返しましょう。また、解くことよりも、読んで誤りを確認することの方を重視しましょう。

ば、その内部は多数支配になっていないとおかしいので

すら少数支配に

と突っ込みを入

どんな組織でも

然的に寡頭化す

R. ミヘルス

どんな組織でも大きくなれば寡頭制の性質があらわれる。不思議だね。

人物イラスト
重要人物ばかりです。試験で使えるキーワードを話しているので、セリフも要チェック！

なく付与することも含む概念であるということに注意しましょう。彼は、政治学の

ラスウェルは「ラズウェル」と表記されることもある。でも、正直どっちでもOKだ！

Teramoto's Trivia
登場人物に関する雑学、暗記のゴロ合わせなど、著者の豆知識をまとめています。もしかしたら、記憶の手助けになるかも……！？

ミント先生

ペン太

ペン子

ナヤミン

ハカセ

デビル

Youtubeでポイント講義を無料配信！

▶右の QR コードまたは下記アドレスからアクセス！

https://www.youtube.com/channel/
UCOnXMnHpBfm7aSplgvTkpsw

政治権力

難易度 ★ ★ ★
頻出度 ★ ★ ★

政治権力は政治学の中では最頻出テーマの1つです。いろいろな学者が出てきますので、その学者名とその人が提唱した学説を一致させられるように頑張ってインプットしましょう。

1 政治権力とは

権力とは、一般的に、他の者を無理やりに従わせることができる力をいいます。強制の契機をもって一種の支配・服従関係を作り出す、これが権力です。一方、権力と似て非なる概念として権威というものがあります。この権威は、被支配者が自発的に服従することを意味し、承認の契機がそこには含まれています。試験的には、アメリカの経営学者 **H.A. サイモン** の定義を覚えておくといいでしょう。サイモンは、権威を、「他人からのメッセージを、その内容を自身で吟味せずに、しかし進んで受容する現象である」としています。

H. A. サイモン

> 権威とは、他人からのメッセージを吟味せずに受容する現象……つまり、既読スルーってことね。

さて、権力の定義をした学者はたくさんいますが、ここではまず **M. ウェーバー** と **H.D. ラスウェル** のそれを紹介します。

M. ウェーバーは「権力とは、ある社会的関係の内部で抵抗を排してでも自己の意志を貫徹するすべての可能性である」と定義しました。そして、権力は少数者によって掌握され運営されることを説きます。この少数支配の原理は、何となく納得できるのではないでしょうか？ 少数の支配者が権力を行使する構図はよく見ますからね。その上で、彼は少数支配である官僚制に対して肯定的な評価を下しました。

一方、H.D. ラスウェルは、権力とは、他者に価値を付与したり、逆に他者の価値を奪ったりする能力をいうとしました。これを価値剥奪といいます。剥奪だけではなく付与することも含む概念であるということに注意しましょう。彼は、政治学の

Teramoto's Trivia

ラスウェルは「ラズウェル」と表記されることもある。でも、正直どっちでもOKだ！

中に**フロイトの精神分析的手法**を導入し、３段階論を提唱しました。具体的には、p} d} r＝P という関係式を編み出し、私的動機（p）を、公の目標に転移（d）し、公共の利益の名の下に合理化（r）すると政治的人間（P）ができあがると説きます。権力追求者たる政治的人間は、かつて周囲から低い評価を受け、価値を剥奪されてきたトラウマがある。だからそれを補うべく権力を追求することになる、というのです。なかなか説得力のある分析ですね。なお、この関係式は選択肢の中でよく出てくるので一応書きましたが、中身を覚える必要は一切ありません。この関係式は、選択肢の中では超目立ちます。ですから、この意味不明な関係式が出てきたら、「あ、ラスウェルだ」と判断して構いません。

次に、権力は実体論と関係論という２つの観点から捉えられるとした人物がいます。**C.フリードリッヒ**です。ただ、この２つのうちどちらかが正しいというわけではなく、両者は相互補完的であると言われます。

C.フリードリッヒ

> 実体論と関係論は１つの考え方にすぎない。どちらが正しいとかそういうことを言いたいのではないよ。

1 実体論と関係論

① 実体論（実体概念）▶

実体論は、ある「何か」を保有することが権力を持つ状態であると考えます。この「何か」をどう捉えるかについては、以下の通り学者によって異なります。

実体論における「何か」
✓ **暴力・軍隊**（N.マキャヴェリ）
✓ **富・生産手段**（K.マルクス）
✓ **地位**（C.W.ミルズ）
✓ **権力・尊敬・道徳・愛情・健康・富・技能・知識の８つ＝権力基底**
　（H.D.ラスウェル）

N.マキャヴェリの暴力・軍隊というのはわかりやすいですね。まさに権力って感じです。**K.マルクス**の富・生産手段というのは経済的な側面から権力を捉えたものと言えます。金を持っている者が権力者だというロジックです。**C.W.ミルズ**は

Teramoto's Trivia

ポストを重視します。これもわかりやすいのではないでしょうか？ ただ、最後の**H.D.ラスウェル**……。なんじゃこりゃーと思うかもしれませんが、この人は欲張りな人で、あれもこれもと入れているうちに８つ並んじゃった、という感じです。試験的には１つひとつ覚えておかなくても、いっぱい権力基底が並んでいたらラスウェルだ、と思って構いません。

② 関係論（関係概念）▶

関係論は、ざっくりと、権力を個別的な人間関係に着目し、心理的要素を加味して捉えていこうとする立場だと思ってください。そういった意味で機能的な捉え方だと言えます。ここでは**R.A.ダール**の「他から

R.A. ダール

私の権力論は命題があるから目立つんだ。試験的にはありがたいだろう？

の働きかけがなければ、Bがしないであろうことを、AがBに行わせたとき、AはBに対して権力を持つ」、という命題を覚えておけばとりあえずはOKです。Bは「彼女が好きすぎて言いなりな彼氏」、Aはその彼女と考えればわかりやすいですね。次の図のような関係を見て取れるときに「あ〜、彼女は権力者なんだな」と周囲の者は思うわけです。ちなみに、ほかにも関係論を唱える学者はいるにはいます。J.ロックなどです。しかし、試験ではあまり出題されません。

R.A. ダール「他からの働きかけがなければ、Bがしないであろうことを、AがBに行わせたとき、AはBに対して権力を持つ」

2 権力の新しい捉え方

さて、ここからは新しい権力の捉え方を見ていきます。試験ではたびたび出題されているので、メジャーなものはなるべく押さえておく必要があります。

① 非決定権力（P.バクラック、M.バラッツ）▶

P.バクラックとM.バラッツは、ある争点を議題から排除し、表面化させない権力を「非決定権力」としました。決定させない権力と言い換えることが可能ですね。何か物事を決定するときには、〇〇する、という形でしますよね。これが決定権力です。しかし、決定は、▲▲をしない、という形でなされることもあります。つまり、「非決定」という形でも権力は行使され得ると考えるのです。防衛は今問題となっているから表面化させる反面、福祉は財政が厳しいからあえて無視しようとする場合がこれにあたります。この無視するという態度がまさに「非決定」という権力行使となるわけです。

② 三次元的権力観（S.ルークス）▶

S.ルークスは三次元的権力観について、人々を無意識のうちに（何の疑いも生じさせずに）従わせてしまうような権力だとしました。本来ならば存在しているはずの利害を隠蔽して意思決定をしてしまうような権力が、ルークスの考える権力です。これは、対立そのもの、あるいは対立の意識すら消滅させるという形で働きかける権力であるため、「黙示的権力」などと呼ばれます。国民は真実を知らされないまま水面下で物事がどんどん決められていくようなもので、陰険で巧妙なやり方ということになります。彼は、人々の知覚、認識、選好までも形作ること、そしてこのことについて不平不満を与えないことこそが権力の至高の行使だ、としています。

> 決定がなされる場合の行動に焦点を合わせた権力観を「一元的権力観」、決定が回避されるという形の行動に着目した権力観を「二次的権力観」とし、これらを自らの三次元的権力観の前提として述べているよ。

③ 権力の零和概念・非零和概念（T.パーソンズ）▶

T.パーソンズは、権力は他者を支配し、権力者の自己利益の実現のためだけに使われるものではなく、社会的利益に奉仕する側面もあることを強調し、政治権力を

「目標達成のために社会的資源を動員する能力」と定義しました。その上で、政治権力の零和概念と非零和概念を区別しました。零和概念（ゼロサム）とは、政治権力が服従者から収奪したものと服従者が収奪されたものを差し引きすればゼロになる、という考えです。一方の非零和概念（ノンゼロサム）とは、政治的権力が服従者から収奪したものと服従者が収奪されたものを差し引きすれば、むしろプラスになる、という考えです。確かに、権力は短期的・個別的に見れば個人の自由を制限するものだけど、長い目で見れば、社会的な利益を生み出している、つまり、ゼロではなくプラスじゃないか（プラスサム）と考えていきます。例えば、税金を徴収する側の国家と徴収される側の国民の利益を差し引きすれば一見ゼロになるような感じがしますが、実は福祉政策などを介して社会にとってプラスの利益を生み出していると考えるわけです。このように、彼はゼロサム的な零和概念を否定しました。

パーソンズはミルズの権力概念をゼロサム的だと言っているね。

④ 黙示的権力（M.フーコー）▶

著書『監獄の誕生 - 監視と処罰』で、ルークスの三次元的権力観をさらに発展させ、教育の世界に新しい風を吹き込んだのがM.フーコーです。なので、彼の権力も黙示的権力の一種です。近代的な権力を、実力や暴力などの強制は伴わず、被支配者各人が自ら規律正しくするように仕向ける形で行使されるものだと考え、これを「規律訓練型権力」と呼びました。つまり、近代的な権力は、外部からの監視や指導などがなくても、権力を行使される者が自分で自分を律するという形で、自動的に行使されるとし、それに伴い、権力の最上位である刑罰は懲らしめることから矯正へと変化したと主張したのです。権力をその行使者と被行使者の二者間の問題として捉えることを批判した、という点が特徴です。

あ、見られてる？ちゃんとしなきゃ…

M.フーコー

権力に強制はいらない。自分で律することができるように見守ることが大切だ。

彼は、このような権力による管理は、刑務所だけではなく、軍隊、学校、病院など近代社会の様々な領域に見られるとした。

⑤ 管理型権力（G.ドゥルーズ）▶

最近は情報化社会が進展していることは周知のとおり。そこで、G.ドゥルーズは情報処理やコンピュータ・ネットワークに支えられた「管理型」の権力の存在を指摘し、位置情報と個人認証をつないで監視するシステムを権力と捉えました（環境管理型権力）。これによると強制も自己規律も、はたまた場所も不要であるということになります。これはフーコーの権力とはちょっと異なりますね。

⑥ 国家のイデオロギー装置（L.アルチュセール）▶

L.アルチュセールは、論文『イデオロギーと国家のイデオロギー諸装置』で、軍隊や警察などの暴力装置だけではなく、マス・メディアや学校、家族や福祉、文化の制度までをも、人々を服従させる権力だと主張しました。これらは結局のところ国家によって作り出されたものであり、「国家のイデオロギー装置」とみなしたわけですね。

---

2 政治権力の権威化

権力は、強制の契機が強いがゆえに、支配を続けるにはややもろい面があります。権力は必然的に打倒されるものだということは歴史が物語っているでしょう。そこで、強制力に頼らず自発的に権力者に従わせること、すなわち権力を権威化することが必要です。要するに、権力を権力としてそのまま使い続けるといずれは反乱が起きてしまう。だから、なるべく権力を権威化しようというお話です。そうすれば長期にわたって支配を継続することができるわけですね。この権力の権威化については、2人の学者の理論を覚えておきましょう。順を追って説明します。

▌ ミランダとクレデンダ（C.E.メリアム）

シカゴ学派の**C.E.メリアム**は、『政治権力』という著書を書き、伝統的政治学を批判し、権力の維持に占める情緒的・知的要素の重要性を指摘しました。物理的強制力以外に、権力を維持するためには心理的な

C.E.メリアム

> ミランダの方が使いやすいからオススメだね。クレデンダを使える人はなかなかいないんじゃないかな……。

面も大切になると考えた、と言ってもいいでしょう。具体的には次の２つです。

メリアム「政治権力」

① ミランダ

人の非合理的側面や感情に訴えるやり方です。具体的には、国旗、国歌、記念日、儀式、君主、音楽、建国の神話などのシンボルをうまく使って権力を権威化します。例えば、ヒトラーはこれを巧みに使って権力の同一化を図りました。

② クレデンダ

人の合理的側面に作用させ、知性に訴えるやり方です。具体的には、イデオロギー、信条、理論などを用いて権力の合理化を図ります。共産主義が典型だといわれるので覚えておきましょう。

なお、権力者にとっては、クレデンダよりもミランダの方が権力維持にとって有効な手段であるといわれます。国民に対して、理論的説得を試みるのは大変です。しかし、シンボルをうまく使って「わ～、この人すごい」と思わせるのは比較的容易なのです。特に現代のような大衆社会になるとその傾向が顕著になりますね。

② 支配の正統性（M.ウェーバー）

M.ウェーバーの支配の正統性とは、被支配者が支配者の権力行使を妥当なものであると認めることをいいます。支配は、権威に支えられた権力関係を意味するので、ここでは大雑把に支配＝権威と考えておきま

M.ウェーバー

> 私は合法的正統性の典型、官僚制を研究したことでも知られている。行政学でまた会おう！

しょう。その支配の類型は３つあります。著書『権力と支配』や『職業としての政治』に書いてあります。

M.ウェーバー「支配の正統性」

① 伝統的正統性（支配）

伝統・慣習による支配のことです。世襲制などがこれにあたり、封建制の時代などの前近代的社会によくみられる類型だといわれます。

Teramoto's Trivia

メリアムの政治権力は、「ミランダ・カーの感情が、知性をクレた」とでも覚えればいいね。

② カリスマ的正統性(支配)

これはカリスマという人による支配ですから、超人的資質による支配ということができます。ヒトラーやナポレオンなどを思い浮かべるといいかもしれません。ただ、この支配はパーソナルな人格に頼ってしまうため、情緒的で不安定になりがちという特徴を持ち、長続きしない傾向にあると言われます。ですから、あえてカリスマを「血縁カリスマ」や「世襲カリスマ」などといった形で人為的に作り出そうとするきらいがあります。ローマ法王などを思い浮かべるといいでしょう。

③ 合法的正統性(支配)

これは法や規則などの一般的なルールによる支配、つまり法の支配のようなものだと考えてください(支配者も法に従います)。近代官僚制が典型といわれます。ただ、これをことさら重視すると、法規万能主義に陥る危険性がありますよね。融通の利かない生きづらい社会になってしまうかもしれません。

なお、①②③は歴史的な流れではないので注意しましょう。つまり、これら3つの類型はどの時代でも見られるわけです。また、あくまでも理念型(モデルケース)であるため、現実の政治がすべてこの分類のどれかに当てはまるとは限りません。すべてを備えている国もあれば、すべてを備えていない国もあります。さらに、このような支配が成立すれば必然的に政治的安定や社会的停滞がもたらされるわけでもありません。だから、結構いい加減なものなのですよね。

> **3 政治権力の特徴**

政治権力は、常に少数者によって握られているという特徴を持ちます。

まず、**M.ウェーバー**は、少数者が物理的な強制力を独占することによって、多数者支配を可能にしたと主張します。それがまさに官僚制のシステムに表れているというわけですね。

また、G.モスカは、『支配する階級』という著書で、少数のエリートが多数の非エリートを支配できるのはそれなりの理由があるといいます。それは、支配する階級がちゃんと組織化されているのに対して、支配される階級は組織化されていない、だから支配されてしまうんだというのです。少数でありがならも組織化されている

方が優位に立つというロジックはとてもわかりやすいですね。このようにモスカも
ウェーバーと同様に、少数支配の原理を説きました。ただ、彼は何も独裁体制を支
持したわけではありません。むしろモスカは、政治的な安定を獲得するためには支
配する階級の歩み寄りが必要不可欠だとしています。

　さらに、**R. ミヘルス**は、「寡頭制の鉄則」というやや変わった主張をしています。
彼は、著書『現代民主主義における政党の社会学』の中で、ドイツやイタリアの社
会民主党を分析し、いかなる組織も、その拡大の過程で必然的に少数支配となって
いくとしました。これが「寡頭制の鉄則」です。社会民主党は民主主義を志向する
政党ですから、本来であれば、その内部は多数支配になっていないとおかしいので
すが、そんな社会民主党ですら少数支配に
なっているじゃないか〜、と突っ込みを入
れたわけです。要するに、どんな組織でも
大きくなればその過程で必然的に寡頭化す
ると言いたかったのです。

R. ミヘルス

> どんな組織でも大きくな
> れば寡頭制の性質があ
> らわれる。不思議だね。

寡頭制の鉄則

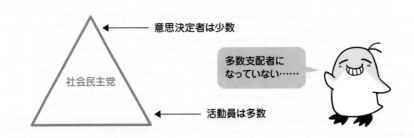

意思決定者は少数

社会民主党

活動員は多数

> 多数支配者に
> なっていない……

4　エリート論

　少数支配の構図は前述のとおりですが、その支配する側であるエリートとはどん
な人たちなのでしょうか？ このエリートの特徴を明らかにするのがエリート論で
す。ここでは2人の学者を紹介します。

Teramoto's Trivia　ミヘルスはモスカの影響も受けていた。後年はファシズムに興味を持ったよ。

1 パワー・エリート(C.W.ミルズ)

C.W.ミルズは、著書『パワー・エリート』の中で、1950年代半ばのアメリカを分析し、軍幹部、大企業経営者、政治幹部それぞれのトップ、すなわち権力エリートに利害の一致を見て取れるとしました。これを軍・産・官の「鉄の三角形」と呼びます。そして、これらの権力エリートが利害の一致をもって政策を決定し、全社会を支配する強力なパワーを握っていると主張しました。これが「パワー・エリート論」です。ただ、一方では、大衆社会化の進んだ世の中では、権力構造からパージ(追放)された大衆たちがその無力感から政治的無関心に陥ってしまうと言います。「俺たちはどうせ無能だから何を言っても無駄だ……」と政治に参加する意欲を失ってしまうのです。彼は、勝ち組はますます繁栄を極め、負け組はどんどん無力化するこの構図を批判しています。

C.W.ミルズ

> パワー・エリートが力を持つと大衆たちは政治に無関心になる。社会が分断されるのはまずいかもね。

パワー・エリート

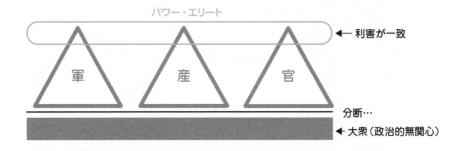

パワー・エリート
← 利害が一致
軍　産　官
分断…
← 大衆(政治的無関心)

2 エリートの周流(V.パレート)

V.パレートは経済のパレート最適で有名ですが、政治学の中でも顔を出します。彼は、エリートは決して革命などで消滅することはないと主張しました。これはマルクス主義を批判したという意義を有します。

V.パレート

> エリートは消えることはない。コロコロと入れ替わるだけだ。だから「周流」と呼ぶよ。

K.マルクスの共産主義については後でじっくりと解説しますので、ここでは簡単に説明するにとどめますが、マルクスは、エリートはプロレタリア革命によって打倒され一掃される、そしてその結果平等な社会が実現される、と説きます。しかし、パレートは、革命でエリートが消滅することはないとします。ただ、社会状況等の変化により、エリートの交替が起こるとしています。著書『一般社会学大綱』の中で、このようなエリートの交替を「エリートの周流」と表現しました。彼によると求められるエリートは2パターンあるといいます。

エリートの周流

① **キツネ型**
　知恵と策略による支配→結合の残基に有効

② **ライオン型**
　力による支配→集合体維持の残基に有効

　残基とは、社会の中で変化していく本能のことで、その時々の世論的な意味合いで考えておくといいかもしれません。大雑把なイメージでいうと、新たに条約を結んだり、関係を築いたりする必要性がある場合には知恵や策略によるエリートが求められ、一度作られた秩序・体制を維持していくためには力によるエリートが求められるということです。そして、これら2つのエリートが交替し、循環している間は社会的均衡が保たれ、社会の安定がもたらされるとしました。「キツネ型」のエリートと「ライオン型」のエリートが交互に入れ替わることで、社会的安定が保たれているということです。ちなみに、パレートはイタリアのムッソリーニを評価したエリート主義者としても有名です。豆知識として覚えても損はないでしょう。

キツネ型のエリートとライオン型のエリート

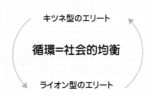

③ 多元的エリート論（R.A. ダール）

アメリカの政治学者**R.A. ダール**は、政策決定に影響力を持つエリートは争点ごとに異なっているのでは？ と考え、多元的エリート論を主張しました。つまり、地域社会においては、教育、経済、政治家指名などの争点ごとに影響力を与える者が異なっていて、そこには多元的な支配が成立していると主張しました。ダールは、アメリカの政治状況の多元性を強調し、ミルズがいう「パワー・エリート」による支配のようなものは見られないとしています。

5　リーダーシップ

リーダーシップは、権力のような強制ではなく、リーダーとフォロワーとの協力関係によって政治目標を達成しようとするものです。ですから、権力者は協力を得られなければリーダーにはなり得ません。フォロワーの間に自発的な服従を生み出す点で権力は権威となり、さらに協力まで取り付けると、それがリーダーシップになるというイメージです。リーダーシップは、状況の関数と呼ばれるように、その時々の社会状況に応じて、求められる形が変わっていきます。そもそも、リーダーシップ研究には、特性理論と状況理論の２つがあります。特性理論とは、指導者個人のパーソナリティに焦点を当ててリーダーシップを研究する理論です。これに対し、状況理論とは、社会的状況や集団内部の状況との関連でリーダーシップを分析する理論です。従来は特性理論の方が有力だったのですが、近年では状況理論の方が有力になっています。リーダーシップの分類としては、R. シュミットと高畠通敏による4分類が有名ですので、次に説明します。

> まずシュミットが代表的リーダーシップと創造的リーダーシップとに分類し、その後、高畠通敏がこれに2類型を追加して4類型としたんだ。

R. シュミットと高畠通敏　リーダーシップの4分類

① 伝統的リーダーシップ

伝統や慣習、先例によって指導するタイプ。社会安定期に成立し、新たなビジョンがありません。なので、リーダーシップと呼ぶに値しないと批判され

ることもしばしばあります。

② 代表的（制度的）リーダーシップ

既存の制度や体制を代表し、大衆の利益を実現していこうとするタイプ。社会安定期に成立し、保守的な側面が強いので、現状維持的な方向で働く性質があります。そこで、エリートではなくても務まるリーダーシップ……などと揶揄されることもあります。

③ 創造的リーダーシップ

社会的不安定を背景に、既存の価値体系を否定し、新たなビジョン（イデオロギー）を設定・提示し、それに基づいて指導するタイプです。つまり、既存の体系をぶち壊して、新しい体系を構築していくような力強いリーダーシップだと思っておきましょう。完全にリーダーの実力が問われるので、誰でも務まるような代物ではありません。これは、体制の変革を目指す点が特徴です。典型例として、革命家である毛沢東やレーニンなどのリーダーシップが挙げられます。

④ 投機的リーダーシップ

社会的不安定を背景に、大衆の間の不満を利用して、その場限りの都合のよい矛盾する公約を濫発したり、スケープゴートを創出したりすることで一時的な夢を与えるタイプです。時としてそれが対外戦争に向けられることもあります。いずれにしても、理論らしいものはなく、体制の変革を目指さない点に特徴があります。ナチスのリーダーシップが典型で、ヒトラーのように圧倒的な支持を集めるカリスマ的な指導者として出現するケースが多いと言われます。

スケープゴートとは、民衆の不満などを解決するために、標的とされてしまう人々のことだよ。

　次に、リーダーの資質を説明した人たちを紹介します。代表的な人を３人覚えましょう。

リーダーの資質を説明した人たち

✓ **プラトン**

理想の政治（これを「善のイデア」という）が何であるかを把握している哲学者（哲人王）による政治がふさわしいとしました。哲人政治ですね。政治の技

Teramoto's Trivia

プラトンはソクラテスの弟子だよ。イデア論はソフィストに対抗するための道具だった。

能として必要とされるのは「高貴な嘘」らしいです。この人の特徴は、哲人王は技能教育を行うことで育てられるとした点にあります。つまり、プラトンは、階級は固定的・世襲的なものではなく、教育を通じて能力的な観点から選抜されるべきと考え、教育機関アカデメイアを創設したのです。しかし、哲人王がなかなか出現しないことから、法による支配を次善の策として認めるようになりました。つまりあきらめたということです。

✓ N.マキャヴェリ

著書『君主論』で狐の知恵とライオンの見せかけを備えた人物がリーダーにふさわしいとしました。国民を十分に操作しうる賢さを持ち、国民を威服させる強権的な力を持った君主がいい、と。そして、時として正しい政治を行うためには謀略をも容認します。これを「権謀術数」といいます。情に熱く憐みの深い君主より、残酷な君主の方がよいとし、結果責任を重視した点がポイントです。

✓ M.ウェーバー

情熱と、先見性（洞察力、目測力）と、責任倫理を兼ね備えた人物がリーダーにふさわしいとしました。特に、責任倫理では、心情責任よりも、結果責任を重視しました。ウェーバーときたら「３つ」と覚えましょう。「好きな言葉は情熱です」というCMがありましたが、面接で「リーダーに必要な資質は？」と問われた学生はこの３つを答えましょう（笑）。

PLAY&TRY

1. H.A.サイモンは、権力について、例えば他人からのメッセージを、その内容を自身で検討した後に、進んで受容するときに見られるものであるとした。
【国家一般職H15改題】

1. ×
これは権威の定義であるし、権威の場合は内容を自身で検討しない。

2. M.ウェーバーは、支配の正統性の三類型として、神権的正統性、自然的正統性、人民主権的正統性の三つを挙げた。
【国家一般職H15改題】

2. ×
伝統的正統性、カリスマ的正統性、合法的正統性の3つである。

3. ラスウェルは、政治権力の正当性がどのように獲得されるかについて、信念に訴えて権力の合理化を図る「クレデンダ」と、象徴を巧みに使って情緒に働きかける「ミランダ」があるとした。
【特別区 H26】

3.　×
メリアムの誤り。

4. メリアムは、理性に働きかけ政治権力の正当化を図るミランダと、記念碑、旗、儀式などの象徴を用い、権力の非合理的側面から権力の正当化を図るクレデンダがあり、現代の大衆社会ではクレデンダが効果的に利用されやすいとした。
【特別区 H28】

4.　×
ミランダとクレデンダの記述が逆である。

5. メリアムは、権力を、それを行使する者と行使される者との間の関係においてとらえ、「さもなければBがしなかったような事柄をBに行わせる場合、その度合いに応じてAはBに対して権力をもつ」と定義した。
【特別区 H30】

5.　×
ダールの誤り。

6. ミルズは、人間は社会における種々の価値を所有もしくは追求しており、ある人間が他の人間のもつ価値に対して、これを剥奪する能力を有するとき、そこに権力関係が成立するとした。
【特別区 H30】

6.　×
ラスウェルの誤り。

7. パーソンズは、権力が他者を支配し、権力者の自己利益の実現にだけ使われるものではなく、権力には社会的利益に奉仕する側面もあることを強調し、政治権力を「目標達成のために社会的資源を動員する能力」と定義した。
【特別区 H30】

7.　○
そのとおり。
パーソンズの政治権力の定義はややマイナー知識である。

8. パーソンズは、服従者の利益を奪うことによって政治権力が成り立っており、権力者が収奪し

8.　×
非零和概念を提示した。

たものと、服従者が収奪されたものを差し引き
すればゼロになるとする零和概念を提示し、権
力行使を必要最小限にしようとした。

【特別区H28】

9. メリアムには、「権力と人間」の著作があり、人間
は社会における種々の価値を所有若しくは追求
しているが、ある人間が他の人間の持つ価値に
対して、これを剥奪する能力を有するとき、そこ
に権力関係が成立するとした。

【特別区H26】

10. ルークスは、アメリカの権力的地位にある人々
の構成とその変化を分析し、第二次世界大戦後、
軍幹部、大企業経営者、政治幹部の三者に権力
が集中する傾向が進み、「パワー・エリート」を形
成しているとした。

【特別区H26】

11. フーコーには、「監獄の誕生」の著作があり、近代
の権力は、実力や暴力のように目に見える形で行
使されるよりは、権力作用を受ける者が自分で
自分を規律するように仕向けるという形で、自
動的に行使されるとした。

【特別区H26】

12. バクラックは、本来であれば争点化するであろ
う問題が制度的に隠蔽され、決定から排除され
た者の真の利害が表出されないどころか、当人
に意識されることすらない形で行使される権力
に注目し、「三次元的権力観」を提示した。

【特別区H26】

9. ×
ラスウェルの誤り。

10. ×
ミルズの誤り。

11. ○
そのとおり。
規律訓練型権力である。

12. ×
ルークスの誤り。

1

政治権力

13. S.ルークスは、何らかの争点について決定がなされる場合のアクターの行動に焦点を合わせた権力観を「一次元的権力観」、潜在的争点の顕在化を阻止するために決定が回避されるという形の権力行使に焦点を合わせた権力観を「二次元的権力観」と整理した。その上で、彼は、自らの権力観を「三次元的権力観」とし、対立そのもの、若しくは対立の認識を消滅させるという形で行使される権力に着目した。

【国税専門官H29】

14. 代表的リーダーシップは、指導者が大衆の利益の代表者として自らの立場を確立するが、価値体系の安定している政治社会には成立しない。

【特別区H29】

15. 投機的リーダーシップでは、指導者は大衆の不満を充足させるため矛盾した公約を濫発するが、既存の価値体系そのものを変えようとはしない。

【特別区H29】

16. 創造的リーダーシップでは、指導者は強力な理論体系やイデオロギーによって武装するが、価値体系の変革をめざさない。

【特別区H29】

17. 政治的リーダーの資質に関して、プラトンは、政治の目標である「善のイデア」を認識し、政治の技能として「高貴な嘘」を駆使できる哲人王がふさわしいとし、一方、N.マキャヴェリは、君主の資質に関して、国民を十分に操作し得る「狐の知恵」と国民を威服させ得る「ライオンの見せかけ」とを兼ね備えた人物がふさわしいとした。

【国家一般職H21改題】

---

13. ○
そのとおり。
三次元的権力観の意味を理解しよう。

14. ×
むしろ価値体系の安定している政治社会に成立する。

15. ○
そのとおり。
創造的リーダーシップとの区別をしっかりとつけよう。

16. ×
価値体系の変革をめざす。

17. ○
そのとおり。
特にマキャヴェリの説いた資質は大切。

イデオロギー

イデオロギーは頻出テーマとは言えませんが、マルクスやマンハイムのイデオロギー論は他のテーマで出題されますので、押さえておく必要があります。

難易度 ★★★

頻出度 ★★★

1 イデオロギーとは

イデオロギーとは、社会の支配的な集団によって提示される概念で、ざっくりいうと世界観や主義・主張を意味します。イデオロギーは、メリアムの分類でいうとクレデンダに該当するのでしたよね？ 覚えていますか？ このイデオロギーは、合理的・科学的な側面と非合理的・感情的な側面の2つの側面を持っていて、両者は相互補完的な関係にあります。イデオロギーの機能は、現体制を批判（打倒）する機能と、現体制を補強（強化）する機能の2つです。他人を批判する際に使う場合と、自己を正当化する際に使うことがあるわけです。現在の若い子にはイデオロギーと言ってもピンとこない部分が多いと思います。それもそのはず。現在はイデオロギーだけで政治を行うことは通常しませんからね……。

2 K. マルクスのイデオロギー

K. マルクスの考えは、一言で言えば、「国家消滅論」です。階級闘争の過程で、やがて階級国家は消滅するというのが彼の主張です。その手段として革命を用いるので「共産主義」と言われることがあります。もう少し丁寧に説明しましょう。

K. マルクス

イデオロギーは虚偽意識にすぎない。
みんな革命を起こそう！

まず、社会は、政治や法、社会制度、文化などで構成される「上部構造」と、

物理的・経済的な社会基盤である「下部構造」（生産力と生産関係）からなっていて、その下部構造を基礎づけているのは主に労働者階級、つまりプロレタリアートです。しかし、そこには資本家、つまりブルジョワジーの搾取の構造があります。これを生産関係の矛盾といいます。マルクスは、上部構造はその土台である下部構造によって規定されると言います。そして、この上部構造全体をイデオロギーと呼びました。イデオロギーは資本家階級が現実の矛盾を隠ぺいするための道具で、リアルではない「虚偽意識」だとマルクスは批判しました。これは簡単に言うと、現実の世の中を形作り、動かしているのは下部構造の担い手である労働者階級なのであって、上部構造自体は大した価値を生み出していないと批判した、ということです。にもかかわらず、資本家階級ででかい面をして労働者階級の労働を安く買う搾取構造が続いていると言うのです。そこで、労働者階級は、この生産関係の矛盾に耐えられなくなり、やがて革命を起こすようになるだろう、と。そして、数で圧倒される資本家階級は一掃されることとなり、平等な社会が実現すると言います。マルクスは、自らの思想は労働者階級の立場に立っているので、リアルを正しくとらえた科学理論であると主張しました。

> マルクスは、革命によって権力を奪うべきだとしたが、選挙によって権力を奪うべきだとしている人もいる。E.ベルンシュタインなどの社会民主主義者らだよ。

マルクスの共産主義

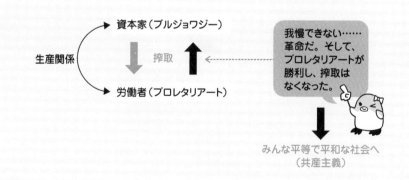

資本家（ブルジョワジー）

生産関係　搾取

労働者（プロレタリアート）

> 我慢できない……
> 革命だ。そして、
> プロレタリアートが
> 勝利し、搾取は
> なくなった。

みんな平等で平和な社会へ
（共産主義）

3 K.マンハイムのイデオロギー

K.マンハイムは、マルクスのイデオロギー論を批判し（一定の正しさは認めたものの）、独自の考えを述べていきます。その上で、集団の持つイデオロギーは、「存在被拘束性」により社会的に制約されている、と主張しました。この存在被拘束性とは、あらゆる知識が特定の歴史的・社会的状況によって自動的に規定されることをいいます。例えば、独裁国家に生まれれば、独裁者に都合のよい思想こそ身につくでしょうが、まぁ自由主義という価値は身につかないでしょうね……。このように、その時・その場所で身に着けられるイデオロギーは自動的に決まっているのです。また、マルクスは共産主義を、リアルを正しくとらえた科学的な理論であるため虚偽意識＝イデオロギーではないとしましたが、それは間違った認識であると釘をさしています。結局のところ、共産主義もイデオロギーだと指摘したわけです。そして自らのイデオロギー論を「普遍的イデオロギー論」と呼んで自画自賛しました。ああ言えばこう言うですね。

また、彼は著書『イデオロギーとユートピア』において、イデオロギーとユートピアを区別しました。現実の矛盾を隠ぺいする道具がイデオロギーなのに対し、ユートピアは、現実には存在しない理想郷を思い描き、それを実現するために既存の秩序をぶち壊す実践的な行為を導く概念（新たな制度を創造する概念）であるとしました。要するに、イデオロギーは、保守的な理念で、ユートピアは革新的な理念だということが言いたいのでしょう。

K.マンハイム

> 存在被拘束性は私たちの持ちうる知識を制限する。しかも自動的に。

4 イデオロギーの終焉論

今は右だ、左だなどという議論はあまりはやりませんね。政治的な対立は、政策レベルというよりミクロな単位で争われることが多いからです。ですから、イデオロギー政治はほぼ終焉しています。ただ、これはいきなり終わったわけではなく、1950年代頃から徐々にその魅力を失っていきました。イデオロギーの終焉を論じた学者として有名な人は、2人います。簡単にまとめておきますので、一読してみて

Teramoto's Trivia　H.マルクーゼやA.ヘラーなどもユートピア論を展開したよ。マンハイムを批判しているけどね。

ください。

イデオロギーの終焉を論じた学者

✓ **D．ベル**
著書『イデオロギーの終焉』の中で、先進資本主義国が豊かになり、脱工業社会に突入すると、物質的なものに対する価値が低下し、むしろ精神的なものに対する価値が重視されるようになるため、イデオロギーは急速に魅力を失うと主張しました。

✓ **R．アロン**
著書『変貌する産業社会』で、ヨーロッパの経済的な発展がイデオロギーの対立を消滅させるとしました。一方、発展途上国においては、こうしたイデオロギーは依然として支配の道具として有効だとしました。このような考え方を「懐疑主義的終焉論」と呼びます。また、ヨーロッパのインテリ層は、マルクス主義のフィルターを通じてしかものを見ようとしないと指摘し、これを「知識人の阿片」と批判しました。

PLAY&TRY

1. K．マルクスは、イデオロギーが単なる虚偽意識であるという通説を批判し、現実を変革して新しい社会を生み出す力を持つと主張した。
【オリジナル】

2. K．マルクスは、早くに市民革命が起こった国家においては資本家階級が強大な権力を持ち、その資本家階級を支える資本主義経済が内部矛盾から必然的に恐慌という形で破綻することはないと考えた。そのため、労働者階級が共産党の下に団結し、選挙という手段を用いて資本家階級から権力を奪うべきだと主張した。
【国家一般職H30】

1. ×
イデオロギーを資本家階級が現実の矛盾を覆い隠すための単なる虚偽意識だとした。

2. ×
資本主義経済が内部矛盾から必然的に恐慌という形で破綻するとした。また、労働者は革命を起こして権力を奪うべきだと主張した。

Teramoto's Trivia

「ベルには魅力がない」と覚えよう。

3. K.マンハイムは、集団の持つイデオロギーは、その集団の置かれた立場によって拘束されているとし、集団の実践や活動の中で作り上げられていくものであるとした。

【オリジナル】

4. K.マンハイムは、K.マルクスのイデオロギー概念を拡張し、階級によって拘束された意識だけでなく、あらゆる社会集団や社会的条件によって制約された思想を、イデオロギーと呼んだ。

【特別区H21改題】

5. K.マンハイムは、現実を超越してはいるが、実際の行為に結び付き支配的な事物の秩序を破壊する傾向がある意識をイデオロギーと呼んだ。

【特別区H21改題】

6. D.ベルは、脱工業化社会においては、様々なイデオロギーが噴出するようになるため、イデオロギーの重要性が増すと主張した。

【オリジナル】

7. R.アロンは、発展途上国においては経済開発という現実的な利益が追求されることから、イデオロギーは終焉を迎えると主張した。

【オリジナル】

3. ○
そのとおり。
存在被拘束性である。

4. ○
そのとおり。
応用知識だが一緒に覚えてしまおう。

5. ×
ユートピアの誤り。

6. ×
イデオロギーの終焉を唱えたので、イデオロギーの重要性が減少すると主張した。

7. ×
発展途上国ではイデオロギーが強い影響力を持つと主張した。

難易度 ★ ★ ★

頻出度 ★ ★ ★

国家論

難易度は高くありませんが、意外と出題されるテーマです。特に、特別区を受験する方は、ぜひ得点できるようにしておきましょう。

---

1 本質論

・国家とはどのような存在なのでしょうか？ これを論じるのが本質論です。絶対的な存在なのか、たいした存在ではないのか。この点についての争いがあるわけです。大雑把に時代の流れを見てみると、19世紀までの政治学では、国家と他の集団が明確に区別されていました。しかし、19世紀末から20世紀にかけて政治的多元主義が台頭すると、国家も社会の中にある集団の1つであると考えられるようになってきました。次にまとめてみます。

1 一元的国家論

国家は社会を包摂する存在であり、すべての個人や社会集団に対して絶対的に優位に立つ（人倫的な一体性を回復する）存在だと考える説です。代表論者は**G. ヘーゲル**で、著書『法の哲学』の中で、社会の中で客観化された倫理を「人倫」と呼び、国家を人倫の発展という視点で捉えました。ちょっと分かりづらいので次ページの図を見てください。愛による結合である家族（正の価値）と、私的利益を巡って争う欲望むき出しの市民社会（反の価値）は相互に矛盾・対立を繰り返してしまうため、これを解決するために、より高いレベルへと止揚（アウフ

ホッブズやルソーなども一元的国家論に位置付けられるよ。ただ、この2人は試験ではあまり出ないね。

正反合

G. ヘーゲル

国家は最高の倫理的共同体であり、人倫の最高形態である！

ヘーベン）する必要があり、それによりできあがったのが国家（合の価値）である
と考えました（これを「弁証法」と呼ぶ）。要は、トーナメント戦みたいなものを想
起しておけば試験的にはOKです。その上で彼は、国家を人倫の最高形態であると
して高く評価し、あらゆる個人や社会集団の上に立つ絶対的な存在と考えました。

弁証法

2　多元的国家論（政治的多元主義）

　国家は社会の中に存在する１つの集団に過ぎないので、絶対的に優位に立つ存在
ではないとする説です。つまり、集団どうしの異なった利害を調整する役割を果た
す点で相対的に優位であるに過ぎないと考えていきます。代
表論者としては、**H.ラスキ**やE.バーカー、R.マッキーバー
などがいます。試験的には、「絶対的」という言葉がNGワー
ドなので注意ですね。多元的国家論では、国家と社会をはっ
きりと区別し、国家は全体社会の一部を担う部分社会に過ぎ
ないと考えていきます。これは要するに、全体社会という大

マッキーバーは、
社会学で頻出だ
よ。政治学ではあ
まり出ないけどね。

きな集合体の中に様々な集団があり、その中の１つとして国家が存在しているとい
うイメージですね。なぜ、このような考え方が生まれてきたかというと、当時、世
界では全体主義が蔓延しそうになっていたため、何とか個人の自由を確保したいと
いう自由主義的な要請に応える必要があっ
たからです。自由主義原理を維持するため
に生まれてきたのが多元的国家論というわ
けです。この知識はぜひ覚えておきましょ
う。

H.ラスキ

国家は絶対的な存在で
はないよ。
「多元的」の意味を考え
ればわかるよね。

▮ 国家の変遷３つのフェーズ

　国家の変遷については、教養試験の社会科学でも出題されるので、一度まとめておきたいところです。そこで、今回はここで簡単に説明してしまいます。絶対主義国家、近代国家、現代国家の３つに分けて、ざっくり解説をしていきます。

① 絶対主義国家 ▶

　絶対主義国家では、国家や君主の権威は最高なものとされていたので、その庇護^{ひ ご}（後見）を受けることで社会は発展することができると考えられていました。こうした国家観を警察国家と呼びますが、人民は国家によって管理されていたと言ってもいいかもしれませんね。自由や権利とは無縁の社会、それが絶対主義国家であったと思って構いません。

② 近代国家 ▶

　近代国家は、19世紀に市民階級（ブルジョワジー）が台頭したことにより出来上がりました。制限選挙の下、市民はみんな賢くて財産も有しているわけですから、価値観が同じ者が主体となる同質的社会です。国家も市民社会にむやみに介入しません。つまり、自由放任主義を基盤としていました。そういった意味では、

大衆と区別しようね。市民はブルジョワジーのことだから、教養もあって財産も有する勝ち組の人たちだよ。一般ピープルのイメージではないので注意しよう。

市民たちが先の市民革命によって獲得した自由権（国家からの自由）を謳歌していた時代と言えそうです。また、同質性の高い、ある意味単純な社会では複雑な問題はあまり起こらなかったので、国家の活動は法律であらかじめ定めておけば十分でした（立法国家）。そして、政府は国民の自由を守る防衛や治安維持などの最小限の役割を果たせばよかったのです。これを消極国家といいます。ちなみに、ドイツの社会主義者F.ラッサールは、このような自由主義的国家観を夜警国家と呼んで皮肉っています。

つまり、「パトロールしかしてないじゃんか……」というわけだね。

③ 現代国家▶

　ところが、選挙権の拡大（普通選挙）の流れの中で、20世紀大衆社会が成立すると、今まで国家の主体として扱われてこなかった労働者階級が台頭します。当然、みんな価値観がバラバラになっていきますので、現代国家は異質的社会と言えますね。特に資本主義の下では、富める者はますます富み、貧しい者は社会からパージされてどんどん貧しくなっていきます。このような社会は、福祉主義の必要性を招きました。人権でいうと社会権（国家による自由）が必要になりますね。そうなると、実際の福祉を実現する行政府の地位が相対的に高くなりますので、行政国家が生まれます。つまり、国民の利益のため積極的に介入する政府が理想とされるようになりました。これを積極国家といいます。また、国民の福祉の向上を目指すという意味では、福祉国家といいます。このような福祉国家観の下では、国民の間にも受益者意識や依存心が生まれてきます。そんなこんなで大きな政府につながっていたというわけです。

> ちなみに、大きな政府は1980年代になると、再び小さな政府を目指す「新自由主義」に切り替わる。アメリカのレーガン大統領やイギリスのサッチャー首相などが典型的だ。再び小さな政府を目指すというのは、要するに福祉レベルを縮小しようという流れだよ。福祉切り捨てってこと。

国家の変遷

近代国家の特徴	現代国家の特徴
同質的社会	異質的社会
国家からの自由	国家による自由
立法国家	行政国家
消極国家	積極国家
夜警国家	福祉国家
小さな政府	大きな政府

❷ 福祉国家

　さて、現代国家は福祉国家と呼ぶことができるという点はご理解いただけたと思います。ここでは、その福祉国家の要因を分析した人と、福祉国家の類型化をした人を紹介します。ちょっと難易度の高い国家公務員試験を受験する方にとってはこれらは必須事項となりますので、手を抜かないようにしましょうね。

① H. ウィーレンスキー▶

　H. ウィーレンスキーは著書『福祉国家と平等』の中で、福祉国家の原因は、政治体制とかイデオロギーとかではなく、経済水準の上昇にあるとしました。すなわち、経済水準がよくなると豊かな社会になる反面、少子高齢化が進むので、福祉ニーズが増し、結果的にあらゆる国家が福祉国家化していくと主張しました。まさに今の日本です。これを「収斂理論」といいます。つまり、福祉国家化の原因は経済水準の上昇（当時のGNPの増加）であって、その国家がいかなる政治体制、文化システムをとっているかは関係ないぞ、というわけです。ですから、現在もイデオロギー政治を行っていたり、軍事支出の割合を極端に上昇させていたりする国もあろうかと思いますが、そういう国家体制とは関係なく、福祉国家化は進展するのです。

② F. キャッスルズ▶

　F. キャッスルズは、福祉国家化の原因をちゃんと把握するためには、ウィーレンスキーのように「政府の福祉支出のGNP比」に着目するだけでは足りないとしました。つまり、これだけでは福祉国家化を適切に捉えることはできないことを説き、福祉国家化の研究にあたってオリジナルの福祉指標を新しく作り直したのです。具体的には、政府の福祉支出のGNP比に加え、GNP比で見た財政規模や教育への公的支出の比率、新生児死亡率などを用いて先進国の福祉指標を作成しました。その上で、福祉国家化と経済水準の上昇との間には相関関係がないことを証明しました。キャッスルズによると、少なくとも先進国では、経済水準が高いほど福祉国家化が進むという因果はないようですね。

> ちなみに1970年代の日本はまだ福祉支出の水準が低いことを理由に、分析の対象から外された。水準が低いなんて今じゃ考えられないけどね。

③ J. オルテガ・イ・ガセット ▶

　J. オルテガ・イ・ガセットは、かなりのエリート主義者で、著書『大衆の反逆』の中で、普通選挙の実現により、多くの大衆が政治に参加するようになったことを否定的に評価しました。つまり、大衆はそれまで被支配者だったわけですから、指導力に欠ける、と。だから社会を統治支配することなどもってのほかだと一刀両断したのです。このように大衆民主主義に対して否定的な評価を下しました。また、彼は保守的自由主義者の立場から、共産主義やファシズムを批判しました。この点も意外と重要です。

④ G. エスピン＝アンデルセン ▶

　G. エスピン＝アンデルセンは、著書『福祉資本主義の三つの世界』の中で、福祉国家の類型を試みた人物です。「脱商品化」と「社会的階層化」の２つの指標が重要なので、これらの意味をまずは確認しましょう。「脱商品化」とは、労働を商品化しなくても生活できる程度を指します。これは簡単にいうと、福祉サービスが充実している度合いだと思ってください。仕事をしなくても生活できるか否かは、要は福祉サービスが充実しているか否かにかかっているからです。次に、「社会的階層化」とは、職業などにより生じる福祉のレベルの差を指します。単に「階層化」ということもあります。職業による格差があるかどうかだと思っておきましょう。これら２つの指標を用いて、福祉国家を３つに類型化しました。次にまとめてみます。

福祉国家の３つの類型

① 自由主義型（アメリカ、カナダ）

福祉割合は小さく、むしろ福祉政策への国民の依存を抑制しようとするタイプです。自助の原則を重視するからですね。低福祉の筆頭国アメリカがここに入ってくる点は重要です。アメリカは今もなお国民全体を網羅する公的医療保険がありませんね……。民間営利保険が主流なのです。ちなみに、同じアングロサクソン系のイギリスは、ベヴァリッジ報告（1942年）で社会保険を基本とすることとされ、ナショナルミニマムの考え方が浸透したという歴史があるため、純粋な自由主義型と位置付けるのはちょっと難しいですね（自由主義型と社会民主主義型の中間）。

エスピン＝アンデルセンの福祉国家論は「福祉レジーム論」と呼ばれているよ。

② 保守主義型（ドイツ、フランス、イタリアなど）

福祉の規模は大きく、保障も実質的であるという特徴を持ちます。特にドイツは世界初の社会保険を実現した国ですね。なお、日本は、自由主義型と保守主義型の混合と評価されることがあります。1973年が福祉元年と呼ばれていて、一時、老人医療を無料化した時期もあります。

1883年に疾病保険法、続く1884年には労働者災害保険法、1889年には老齢・廃疾保険法が誕生したよ。

③ 社会民主主義型（スウェーデン、ノルウェーなど）

福祉規模が大きく、市場原理に任せずに平等主義的な保障を実現しようとする野心的な政策が採られます。

	脱商品化	社会的階層化
自由主義型	低い	高い
保守主義型	高い	高い
社会民主主義型	高い	低い

❸ 大衆社会論

アメリカの社会学者であるW.A.コーンハウザーは、著書『大衆社会の政治』の中で、「エリートへの接近可能性」（人々がエリートにアクセスしたり、影響を与えたりする度合い）と「非エリートの操作（操縦）可能性」（人々がエリートに操作されてしまう度合い）を指標に4つに社会を分類しました。歴史上存在した社会は大体この4つに分けることができるとしたので、次のマトリックスで覚えるのが効率的です。試験的には特別区でよく出題されていますね。なお、コーンハウザーは、大衆社会に対して警戒感を示し、多元的社会を高く評価している点を併せて覚えておきましょう。

ちなみに日本は、エスピン＝アンデルセンの「類型化」のどこにもあてはまらない。日本の福祉は「家族」によって担われてきたからなんだ。

4つの社会

		非エリートの操作（操縦）可能性	
		低い	高い
エリートへの 接近可能性	低い	共同体社会 （前近代社会など）	全体主義社会 （ナチスやスターリン体制など）
	高い	多元的社会 （理想的）	大衆社会 （基本的な現代社会）

PLAY&TRY

1. 多元的国家論は、国家が個人や社会集団よりも上位に位置する最高の存在であり、国家は絶対的な主権を有するもので、個人の自由を抑制するとした。

   【特別区 H29】

   1. ×
   一元的国家論の誤り。

2. 多元的国家論は、主権は一元的、絶対的なものではなく、多元的、相対的なものであり、ドイツのヘーゲルらによって主張された。

   【特別区 H29】

   2. ×
   ヘーゲルは一元的国家論の代表論者である。

3. 多元的国家論は、政治的多元主義とも呼ばれ、国家の絶対的優位性は認めず、国家は宗教的、経済的、職能的な集団と並列的に存在する一集団にすぎないとされた。

   【特別区 H29】

   3. ○
   そのとおり。
   政治的多元主義という表現も覚えておこう。

Teramoto's Trivia　アメリカは、多元的社会の国だよね。

4. 多元的国家論は、国家機能の増大する時期にあって、自由主義的原則を排除するために唱えられた。

【特別区H21】

5. H. ウィーレンスキーは、経済水準や政治体制の類型などの要素と社会保障支出の対GNP比との関係を分析した。その上で、その国の政治体制やエリート・イデオロギーの類型といった要素ではなく、その国の経済水準が社会福祉水準を決定する根本的原因となっていると主張した。

【国家一般職H20改題】

6. G. エスピン＝アンデルセンは、福祉国家を「脱商品化の指標」と「階層化の指標」を用いて、三つに分類した。すなわち、フランス、ドイツ、イタリア等に代表される自由主義型、米国、カナダ、オーストラリア等に代表される保守主義型、スウェーデン、ノルウェー、オランダ等に代表される社会民主主義型の三類型である。

【国家一般職H29】

7. G. エスピン＝アンデルセンは、社会保障給付やサービスの包括性など福祉国家制度の特徴に着目し、先進国の福祉国家を自由主義型、社会民主主義型、保守主義型の三つに類型化した。我が国は、自由主義型の度合いが強い国として位置づけられている。エスピン＝アンデルセンのこの理論は、福祉国家は単線的に発展すると考えるものであり、収斂理論と呼ばれる。

【国家総合職H25】

4. ×
むしろ自由主義的原則を回復するために唱えられた。

5. ○
そのとおり。
収斂理論である。

6. ×
自由主義型と保守主義型が逆である。

7. ×
我が国は3類型で位置づけるのは難しいが、自由主義型と保守主義型の間（混合）と評価されることがある。また、収斂理論は、ウィーレンスキーの学説である。

8. F.キャッスルズは、政府の福祉支出のGNP比に加えて、GNP比で見た財政規模、教育への公的支出の比率、新生児死亡率を用いて先進国の福祉指標を作成し、それと経済水準の間に相関関係がないことを示した。我が国については、1970年代に行った分析の中で、他の先進国と比較して新生児死亡率が高いことから、経済水準の割には国民への福祉サービス供給が低い国とし位置づけられている。

【国家総合職H25】

9. W.A.コーンハウザーは、「エリートへの接近可能性」と「非エリートの操作可能性」との高低の組合せから社会を4つに分類した。大衆社会は前者が低く、後者が高い社会である。

【オリジナル】

10. コーンハウザーは、大衆社会のほかに、「非エリートの操縦可能性」は高いが、「エリートへの接近可能性」が低い社会を [A] と、「エリートへの接近可能性」は高いが、「非エリートの操縦可能性」が低い社会を [B] とした。

【特別区R1改題】

8. ×
そもそも我が国は福祉支出の水準が低かったため、分析対象から外されている。

9. ×
大衆社会は、両者とも高い社会である。

10.
A:全体主義社会
B:多元的社会

4 政党

毎年出題されてもおかしくないのがこの政党と、次章の圧力団体です。交互に出題される傾向があるので直近でどちらが出題されていたのを分析してみてもいいでしょう。

1 政党とは

① 政党とは何か

　政党とは、一定の政治的な考えに基づいて政権獲得を目的とする私的な任意集団です。果たす役割は非常に公共性が強いのですが、所詮は私的な任意団体に過ぎません。この点に政党の難しいところがあるわけです。広く国民の利益を集約し、選挙民の支持を背景に政権の獲得を目指すイメージを持っておけばいいでしょう。この政党は、「現代政治の生命線」であると言われるように、現代の政治を語る上でとても大切なアクターとなっていることはご存じのとおりです。最高裁判所の判決でも「憲法は政党の存在を当然に予定している」と言ってみたり、「政党は議会制民主主義を支える上で極めて重要な存在である」と言ってみたりと、政党の重要性を認めています。特に、議院内閣制を採用している国では、議会多数党が内閣を構成するため、議会に多くの議員を送り出せる政党が重要な意味を持つことになります。そこで政党国家化が進むわけですね。イギリスや日本は、まさに政党国家の典型であると言えるでしょう。

S.ノイマンの表現だよ。

ただ、憲法には政党の条文は存在しないよ。この点は憲法でも勉強したと思うので、一応リマインドしておくね。

② 煙たがられていた政党

　しかし、政党に対しては、当初批判的な風潮が根強かったということができます。つまり、今日のような評価は一般的ではありませんでした。例えば、アメリカ大統領G.ワシントンが、政党を私利私欲のために「烏合の衆を煽る輩」である徒党と非難したことはあまりにも有名ですね。フランス革命期でも、L.サンジュストが「すべての政党は犯罪的である」という暴言を吐いています。日本も例外ではありません。伊藤博文や山県有朋らの藩閥政治家は、超然主義をとっていましたからね……。

　ところが、時代の進展とともに政党の重要性が認識されるようになり、積極的擁護論が現れます。その先駆け的存在としてはイギリスの**E.バーク**を覚えておきましょう。彼は、政党を「全員が同意しているある特定の主義（原理）に基づき、共同の努力によって国民的利益を推進するために結集した人々の集まりである」と定義し、徒党と異なり、政党は公的利益の実現をめざす存在でなくてはならないとしました。つまり、社会の中の特定グループの利益を忖度するための組織ではないということですね。ポイントは、繰り返しになりますが、政党を特定グループの利益を推進するためのものではないと述べている

E. バーク

政党は国民的な利益を推進してくれるよいものだよ。徒党とは違う。

また、議員も選挙民の意思から独立して自由に行動すべきという国民代表の原理を述べたよ。「ブリストル演説」でね。結構有名な演説で、「君たちが議員を選んだら、それはブリストルの代表ではなく、イギリスの代表なんだぞ」とね。

点です。国民的利益を推進する、つまり全体の利益（共通善）を実現するための集団なのです。また、同じくイギリスのE.バーカーのように、「政党は、社会と国家のかけ橋である」と表現した人もいます。これを「架橋機能」と呼びます。さらに、J.ブライスは、「政党は混沌たる投票者群の中に秩序をもたらす」として、自由主義の国の中に政党を持たない国は存在しないんじゃないかな、なんてことも言っています。

③ 政党の機能

　政党の機能には、さまざまなものがあります。全部説明するのは避けますが、ここでは重要なものを４つだけ紹介します。政党の機能を言った人物としては、

Teramoto's Trivia 「架橋機能」はバカの橋と覚えるといいよ。バークとバーカーは似ているから注意ね。

4

政党

G.A.アーモンドが有名です。アーモンドは、政党の機能には、利益表出機能や利益集約機能、政治的コミュニケーション機能などがあるとして、政党はこのうち、利益集約機能において中心的役割を担うとしました。次に一般的に政党の機能として考えられているものを列挙します。ほかにもたくさんありますが、その中から試験的に知っておいた方がいいものだけを並べてみます。

政党の機能（一般的なものを列挙）

① **利益表出機能**
社会問題を政治問題に転換していく機能です。
各集団が持っている利益・要望を表明するイメージを持っていればOKです。

② **利益集約機能**
社会における個人や集団が表出する様々な要求、利益、意思などを調整し、それらを政策にまとめあげていく機能で、政党の最重要機能とされています。
政治問題を政策にまとめるイメージを持っておきましょう。

③ **人材供給機能**
有能な人材を育て、政治のステージに送り出す機能です。
「政治的リクルート（政治的補充）機能」とも呼ばれます。

④ **政治的社会化機能**
政治課題を国民に伝え、政治意識の醸成や参加を促す機能です。
簡単に言うと、政治的教育をする機能といった感じです。

4 政党の分類

政党の分類は、学者ごとに異なりますが、試験では**M.ウェーバー**の分類を覚えておけば、あとは惰性の力で覚えられます。試験でも政党の分類は超頻出なので、しっかりと覚えていきましょう。

① M.ウェーバーの3分類▶

M.ウェーバーは、イギリスの政党史を研究し、政党の発展を時系列で並べました。それによると、政党は、貴族政党→名望家政党（19世紀）→大衆政党（20世紀）へ発展したと言います。特に、名望家政党から大衆政党への変化は、制限

身分制議会であった時代に、貴族たちで構成されていた議会だよ。近代議会が登場すると消えちゃったんだ。

理念型の大好きなウェーバーにしては珍しく、時代順に政党の型を並べたんだね。

選挙の市民社会から普通選挙の大衆社会へと移行する段階に対応しています。名望家政党は、地方の有力者である名望家（ブルジョワ的な人）が自前の集票組織（後援会）だけを頼りに活動していたため、政党自体の外部組織はありませんでした。それゆえ、規模が小さく、分権的で活動も選挙時のみとかなりゆるーい感じになっていました。一方、大衆政党は組織化が進み、巨大で強力な組織に様変わりしました。集権的で活動も日常的。党規律に従って活動しなければならないので厳格な風土を持っています。ぐだぐだ言いましたが、とりあえず試験的には、名望家政党は主に選挙の時だけ活動する分権的で緩やかな政党、大衆政党は恒常的に活動する集権的で厳格な政党、と覚えてください。

② S.ノイマン▶

　S.ノイマンは、政党を「個人代表の政党」と「社会統合の政党」とに区別しました。個人代表の政党は、M.ウェーバーの名望家政党に対応するもので、専ら選挙で票を獲得するためだけに活動する政党です。一方、社会統合の政党は大衆政党に対応するもので、年間を通じて日常的に活動することで、利益集約機能を果たそうとする政党です。

③ M.デュヴェルジェの3分類▶

　M.デュヴェルジェは、政党を制限選挙下における分権的な組織形態をとる幹部政党と、普通選挙下における集権的な組織形態をとる大衆組織政党を区別しました。これはM.ウェーバーの政党分類とほぼ一致します。また、彼は幹部政党と大衆組織政党のちょうど中間形態である政党を間接政党（中間政党）と呼びました。ここでいう間接政党とは、労働組合・インテリ団体を母体とし、間接的に支持をとりつけていく政党をいいます。具体例は、イギリスの労働党などが挙げられますね。

　また、デュヴェルジェは数に着目して、政党を一党制、二大政党制、多党制の3つに分類し、「小選挙区制は二大政党制に、比例代表制は多党制につながる」という法則を示しました。これが「デュヴェルジェの法則」と呼ばれるものです。ただ、小選挙区制を採用している国でも、強力な地方政党が存在している場合にはこの法則が妥当しないことがあると指摘しています。そして、小選挙区制が二大政党制を促すメカニズムとして、「機械的要因」と「心理的要因」を挙げています。前者は、小選挙区

では第3党が勝てる見込みがないので極端に過小評価されてしまうことを指します。一方の後者は有権者が第3党に投票しても死票になると気づき、ほかの二大政党に投票を変えてしまうことを指します。こうして、小選挙区制の下では、二大政党以外の少数政党は生き残れなくなります。

> S.リードは、55年体制下の日本の中選挙区制では、各選挙区で勝つ見込みがある候補者の数が「定数（M）＋1」に収斂されていくとしたよ。つまり、「定数（M）＋2」以下の得票数しか期待できない候補者は自然沙汰されていくということ。この「M＋1ルール」をリードよりも前に主張していたのがデュヴェルジェなんだ。彼の法則は小選挙区制の下、Mが1の場合に相当するよ。

一方、多党制とは、3つ以上の政党が存在し、いずれもが過半数の議席を有しておらず、連立によって政権が維持される政党制です。

5 G. サルトーリの政党分類

G. サルトーリはイタリアの政治学者です。彼は、政党を「選挙に登場して、選挙を通じて候補者を公職に就け得る政治集団」と定義しました。その上で、政党の数だけではなく、政権交代の可能性や各政党

G. サルトーリ

> 政党制を7つに分けたのはボクだけだね。大きく分けると2つだけどね。

間のイデオロギー距離なども考慮して、政党制を7つに分類しました。「7つ？ 多いな……」と思うかもしれませんが、超頻出なので、誰でも覚えられてしまいます。実はそんなに面倒くさい感じではありません。

G. サルトーリの7分類

1. 非競合的政党制 ┬ ① 一党制
              └ ② ヘゲモニー政党制

2. 競合的政党制 ┬ ③ 二党制（二大政党制）
            ├ ④ 一党優位政党制
            ├ ⑤ 穏健な多党制（限定的多党制）
            ├ ⑥ 極端な多党制（分極的多党制）
            └ ⑦ 原子化政党制

Teramoto's Trivia

サルトーリはフィレンツェ出身だけど、活躍の場はアメリカのコロンビア大学だよ。咽頭ガンで死んだらしい。

① 非競合的政党制 ▶

　非競合的政党制とは、読んで字のごとく、競争していない政党制です。もう少し丁寧に言うと、政権獲得をめぐる政党間の競争が許されていない政党制です。これには次の2つがあります。

非競合的政党制

① 一党制

　1国に1つの政党のみが法的に存在するパターンです（合法的な政党が1つしかない）。旧ソ連、ナチスドイツなどがこれにあたります。イデオロギー支配の強度と下位集団の自律性の程度に応じて全体主義一党制、権威主義一党制、プラグマティズム一党制に分類されますが、正直ここまでは覚えなくて構いません。

② ヘゲモニー政党制

　複数の政党が存在してはいるのですが、実際には一党が支配していて、1つの政党以外は事実上の「衛星政党」に過ぎないパターンです。イデオロギー志向ヘゲモニー政党制、プラグマティズム志向ヘゲモニー政党制に分類されます。政権交代はあり得ないので注意しましょう。冷戦下（社会主義時代）のポーランド、かつてのアフリカ・中南米諸国の一部などがこれにあたります。

② 競合的政党制 ▶

　競合的政党制は、政権交代をめぐる政党間の競争が許されている政党制です。これが普通の感覚ですよね。数は多いのですが、特徴を押さえればどうってことはありません。

競合的政党制

③ 二党制（二大政党制）

　2つの政党が政権獲得をめぐって競合し、いずれか一方が単独で政権を担当する政党制です。ですから、政権交代の可能性が非常に高いという特徴を有します。ただ、その数はアメリカ（共和党と民主党）やイギリス（保守党と労働党）など、ごく少数に過ぎません。なんとなく言葉としてはメジャーなので、これがグローバルスタンダードなのかな〜、なんて思いがちですが、超マイナー

Teramoto's Trivia　　ヘゲモニー政党制は、「ヘゲ（覇権）の交代はあり得ない」と覚えよう。覇権政党は後退しないという意味でもあるよ。

です。そして、二大政党のイデオロギー距離が接近している(小さい)場合も
あります(アメリカの共和党と民主党など)。

④ 一党優位政党制

複数の政党が競合しているのですが、事実上1つの政党が圧倒的な力を持っ
ているというパターンです。ここでは「事実上」というのがポイントです。
つまり一強他弱状態が続いているという意味です。具体例は、日本のいわゆ
る55年体制(1955年～1993年までの自民党黄金時代)です。ヘゲモニー政
党制との違いは、政権交代の可能性がある点。また、日本の55年体制以外で
もかつてスウェーデンやインドでも成立していたことがあります(インドは
建国以来1977年まで)。ちなみに、一党優位政党制が崩れる局面では、その
後二党制にも多党制にも機能変化する余地があります。日本の場合は多党
制になりましたね。この点は後述します。

⑤ 穏健な多党制(限定的多党制)

政党数は3～5、連合政権軸が2極(連立政権の案が2つ)で、各政党間のイ
デオロギー距離が小さい政党制です。イデオロギー距離が小さいので競合
は求心的になります。つまり、連立政権となるものの、政権は比較的安定す
ることになります。しかも、主な政党はすべて政権を担当するチャンスを有
するので、バランスの取れた政党制と言えるでしょう。具体例としては、現
在のドイツ、フランス、オランダ、ベルギー、北欧諸国などが挙げられます。

⑥ 極端な多党制(分極的多党制)

政党数は6～8、連合政権軸が3極以上で、各政党間のイデオロギー距離が
大きい政党制です。イデオロギー距離が大きいので競合は遠心的になります。
つまり、まとまりが悪く反体制政党や過剰公約をかかげる無責任政党が存在
するおそれすらあります。そのため、連立を組むも政権は不安定になりがち
です。具体例としては、ワイマール体制下のドイツ、第四共和政下のフランス、
戦後(1993年まで)のイタリアなどが挙げられます。

⑦ 原子化政党制

雨後の竹の子のように、無数の政党が乱立していて、主導権を握る政党がな
い状態の政党制です。革命直後や戦争直後といった極度の混乱期以外はあ
まり見られない類型です。

僕は昔、政党数が5と6でなぜこんなに差異が出るのか、教授に質問したことがある。そうしたら、
教授は「サルトーリは自由奔放なイタリア人なのですよ。根拠なんかないに等しい」とおっしゃっ

6 応用知識

　ここまで見てきた内容で、概ね簡単な試験種には対応できます。しかし、国家公務員試験や地方上級試験を受験される方は、これ以上を＋αで勉強しておかないと点数は取れないでしょう……。応用知識になりますので、ガチで覚える必要はありませんが、知っておく必要はありますね。ごくごく簡単に、かつコンパクトに解説していきますので一読してください。

① S.M. リプセットとS. ロッカンの「凍結仮説」▶

　S.M. リプセットと**S. ロッカン**は、1960年代の政党勢力配置について国際比較研究を行い、先進国における戦後の基本的な政党勢力の配置パターンは1920年代からあまり変わっていないと指摘しました。彼らは、過去数世紀にわたって社会的な改革（宗教改革や市民革命、産業革命）が起こったことで、ヨーロッパ諸国では（アメリカではないので注意）、近代化する過程で4つの亀裂が生じたと指摘しました。これを「社会的亀裂」といいます。具体的には、宗教的亀裂、文化・民族・地域的な中央vs周辺の亀裂、都市vs農村間の亀裂、経営者vs労働者の階級的亀裂の4つです。そして、この亀裂が生じた後に1920年代に男女普通選挙が行われたものですから、政党システムは、この社会的亀裂に沿って形成され、それがやがて固定化されていったと主張したわけです。つまり、政党システムが凍結してしまったということです。

つまり、政党制に強い持続性が見られるとしたんだ。

彼らの凍結仮説が唱えられた直後、大きな革命が起きていないにもかかわらず、西欧では新規の小政党が乱立するということが起きた。凍結仮説は、棄却されてしまったんだ。

② O. キルヒハイマーの「包括政党」▶

　O. キルヒハイマーによると、20世紀後半は、イデオロギー政治から利益政治へと変化したため、特定の社会階層や地域、職業、宗教等に焦点を絞ることなく、より広く支持を集めようとする政党が登場したといいます。このような政党を「包括政党」（キャッチ・オー

ちなみに、ある特定の争点だけに絞って支持者を集めようとする政党を単一争点政党（ワンイシュー政党）というよ。ドイツの緑の党が典型だね。環境問題だけに特化して支持者を集めたんだ。

ル・パーティ、国民政党）と表現しました。包括政党は幅広い層から支持を集める
ため、中道的な政策をとることが多いという特徴を有します。そして、現在、多く
の政党が包括政党化していると言われます。日本でいう自民党、ドイツの社会民主
党やキリスト教民主・社会同盟、イギリスの労働党などはすべて包括政党と言って
いいと思います。彼は、このような現状をみて、社会的亀裂を越えて投票するよう
になっているとして「解凍仮説」を唱えました。

③ A.ダウンズの「合理的選択論」▶

A.ダウンズは、合理的選択論の立場から二大政
党制を分析しました。彼は、伝統的な保守（右）−
革新（左）というイデオロギーの軸上において、分
布が中央に厚ければ（「単峰型」という）、2つの
政党は結局イデオロギー上の立場を中央に寄せ、
中道的な政策を主張するようになるため、二大政
党制は安定した政治をもたらすと主張しました。
つまり、単峰型の二大政党制だと、2つの政党に
おけるイデオロギーが相互に接近するため、政治
が安定するわけです。

有権者は、自分らにメリットを
もたらす否かという基準にお
いてあらゆる選好を合理的に
行うという理論。ダウンズはこ
の理論の先駆け的存在だよ。

有権者のイデオロギーが両極
に分かれてしまう「双峰型」の
場合には、政党の歩み寄りが
困難なので、安定した政治を
もたらさないから注意ね。

④ W.ライカーとL.ドッドの「連合政権論」▶

1党でも離脱してしまうと、議席が過半数を下回ってしまうような「最小勝利連
合」政権（つまり、ギリギリの連立政権）は、政権不安定につながるのではなく、
政権を維持するために、与党間で互いに譲歩し合うので（政策の実現には固執しな
い）、政権はむしろ安定すると**W.ライカー**、L.ドッドは主張しました。最小勝利連
合こそが安定をもたらすんだ、というわけですね。まぁ、最小勝利連合では、与党
各党が、政権担当者としての責任を持つことになりますので、自分たちの政策のみ
の実現には固執しなくなり（妥協が成立する）、話し合いもスムーズに行われてま
とまりやすくなります。ということは、連立を組むときは、余分な政党を含まない
方がいいということになりますね。余分な政党は政権に入れるまじ、と（笑）。そ
して、最小勝利連合を考える際には「要政党」の存在がキーになります。この政党

リプセットとロッカンは、政党制が凍結するため、新規の政党が参入できなくなるとしたよ。

は、最小勝利連合を維持するために参加が必要となる、あるいは離脱すれば政権崩壊に直結するという意味で「要」政党と言われています。

⑤ R.カッツとP.メアの「カルテル政党」▶

R.カッツとP.メアは、与党や法律の形成者という立場を生かして国家からの補助金（国庫補助）や公職への党派的任用などの仕組みを利用して、立場を強めている既存政党を「カルテル政党」と呼びました。なぜカルテルなのか？ というと、議会を独占しているからこのように呼ばれているわけです（カルテル＝企業連合）。彼らは1990年代から既成政党がカルテル政党化してい

ほかにもメアは、選挙における政党の競争関係を「閉鎖型構造」と「開放型構造」に分類したよ。前者の閉鎖型構造においては、全面的な政権交代が起こりやすく、そうである以上政権への参加が一定の政党に限定される。イギリスがその代表例だね。一方、後者の開放型構造においては、部分的な政権の組替えが起こりやすく、そうである以上全政党が政権に参加するチャンスが回ってくる。戦後のオランダがその代表例だ。

て、新党の新規参入を阻んでいると指摘しました。既得権益で結託しているというのは何ともイメージが悪いので、試験的には余裕で覚えられますね。

⑥ A.パネビアンコの「選挙 - プロフェッショナル政党」▶

A.パネビアンコによると、最近の政党は、宣伝や広報、マーケティングなどの専門スタッフが選挙の際に中心的な役割を果たす「選挙 - プロフェッショナル政党」に形を変えつつあると言います。そして、このような政党においては、外から雇われた宣伝や広報、マーケティングの専門スタッフ（選挙プランナーなど）が政党内で幅を利かせることになります。しかし、この専門スタッフは、単に金でつながっているだけの存在なので、リーダーや政党のイデオロギーに忠誠を誓うことはありません。ですから、こういう連中が党内で幅を利かせると、組織の集団としての一体性が弱まり、組織内のイデオロギーが崩壊する危険があるのです。大体今の政党は選挙プランナーを雇い、AIなどを駆使して選挙戦略を立てます。

⑦ P.クラークとJ.ウィルソンの「物質誘因と目的誘因」▶

P.クラークとJ.ウィルソンは、政治家以外の個人が政党に加入する理由を、「物質誘因」「連帯誘因」「目的誘因」の３つから説明しました。このうち、情実人事（パ

トロネジ）などの物質誘因が最も高い比重を占めている国としてアメリカを、イデオロギー（社会主義など）という目的誘因が最も高い比重を占めている国としてフランスやドイツを挙げました。出題パターンとしては、アメリカとフランス・ドイツが逆になっていることが多いですね。

⑧ S.エルダースヴェルトの「重層構造モデル」▶

S.エルダースヴェルトは、1960年代のアメリカにおける政党組織を分析し、「重層構造モデル」を提唱しました。これは、アメリカの政党では、権力が特定の少数者に集中しておらず、意思決定についても重層的な構造が見られるため、権力行使の機会が政党内部で拡散しているという指摘です。ミヘルスの「寡頭制の鉄則」を批判し、その修正を図るくだりで述べられたものです。「全然寡頭制になってないじゃん……」というわけですよね。

2 各国の政党

ここでは、各国の政党の特徴を見ていきましょう。基本的にはイギリスとアメリカの政党を見ておけば足ります。覚え方は「真逆」です。アメリカの逆がイギリス、イギリスの逆がアメリカと思っておきましょう。

1 イギリスの政党

イギリスでは、1678年に王権に寛容なトーリー党と批判的なホイッグ党が誕生し、その後1830年代の政権再編に伴ってトーリー党は保守党に、ホイッグ党は自由党に改名されました。逆にしないように注意しましょう。しかし、20世紀に入ると労働党の躍進とともに自由党が没落、ついに1924年にはイギリス初の労働党内閣、マクドナルド内閣が組織されるに至りました。このように、イギリスはずっと二大政党制で政権が運営されてきました。しかし、2010年5月の下院選の結果、13年ぶりに政権交代が実現したのはいいのですが、労働党に代わり第1党となった保守党も過半数には届かず（いずれの党も過半数を獲得できないことを「宙ぶらりん議会」［ハング・パーラメント］という）、第3党の自由民主党と連立を組むことになりました。これはかなり異例の事態で、「おい、イギリス大丈夫か？」などと海外か

保守党は、現在でも新聞などでトーリーと書かれることがある。これは愛情の裏返しだね。

ら心配されていました。なお、現在はこのような事態にはなっておらず、保守党が政権を担当しています（2019年12月現在）。では、特徴を次にまとめておきます。

特徴

- ✓ 二大政党制（保守党と労働党）。
- → どちらも「包括政党」的性格で、特に労働党は「第三の道」（ブレア首相）で中道政党へ転換しました。労働党は、もともとフェビアン社会主義が源流なので、社会民主主義をイデオロギーとして採用しています。つまり、議会制民主主義を重視しながら平等を実現する立場です。社会主義は社会主義でも共産主義とは異なるので注意しましょう（議会制民主主義を重視）。
- ✓ 第3党や地域政党（自由民主党やスコットランド民族党など）も一定数議席を有する。
- ✓ 党規律が厳格で党の方針に逆らうと除名される。
- ✓ 中央集権的な政党組織。
- ✓ 党員数が多い。
- ✓ 政党の資金は、党費に依存。
- ✓ 影の内閣（シャドー・キャビネット）が存在。これは日本との大きな違いである。

② アメリカの政党

アメリカは、イギリス本国から独立した国ということもあって、自由主義的な競争原理に重きを置いています。国家による統制を嫌い（つまり社会主義は嫌い）、イデオロギー的対立のない、似たような政党、つまり共和党と民主党が19世紀半ば以来二大政党制を築いています。

特徴

- ✓ 二大政党制（共和党と民主党）。
- → イデオロギーの対立がないので「レッテルの異なる2つのビン」などと呼ばれます。

- ✓ 共にプラグマティズム的で政策面に差異がない。

- ✓ 民主党はカトリックや労働団体が支持者、共和党はプロテスタントや富裕層が支持者。現在はともに包括政党化。

例えば、1992年の大統領選挙では実業家のロス・ペロー氏が一般投票で19％を獲得したことがある。

- ✓ 社会主義的政党などの第3党は出てこない。20世紀以降の大統領選挙では、すべて共和党または民主党いずれかの候補者が選出されているが、たまに両党以外の候補者が一般投票で相当の票数を獲得することもある。

- ✓ 党規律が緩やかなので、クロス・ヴォーティング(交差投票)ができる。

連邦議会では現職議員の再選率が高いんだけど、これは議員同士が、それぞれの支持者集団の利益になるような政策を相互に邪魔をすることのないように配慮しているからなんだ。これにより、各自の再選確率を高めている(ログ・ローリング「丸太転がし」)。忖度ってやつだね。

- ✓ 地方分権的な政党組織(全国組織は非常に弱い)となっているので、強固な中央組織を持たない。州で勝手に活動しているだけ。

- ✓ 党員の登録制度がないので「党首」も一般的な「党員」もいない(支持者がいるだけ)。選挙のときしか活動しない。

- ✓ 政党の資金は、支持者からの献金(寄付金)に依存。

3 日本の政党(政党史)

　最後に、日本の政党史を簡単に説明しておきたいと思います。日本の政党史は教養試験の社会科学でも問われるので、政治学で勉強しておけば社会科学での対策は不要です。一応、戦前と戦後とに分けて説明するのがいいと思いますので、ざっと目を通してみてください。最低限の知識で最大の効果を狙います(笑)。

■ 戦前の政党史

　日本の戦前は、国会開設の時期が決まると、まず1881年に板垣退助がフランス流の急進的な自由党を結成し、これに対抗して、「明治14年の政変」で下野した大隈

ロス・ペロー氏は2019年7月に亡くなってしまったよね。個人的に好きだったので残念だ。

重信が1882年に立憲改進党を結成しました。立憲改進党はイギリス流の穏健な議院内閣制を目指す政党ですね。ところが、自由党はその後激化事件を連発し、ついには解党させられてしまいます。同じく立憲改進党も大隈重信が離党し、事実上の解党状態に陥りました。そこで、両党はそれまでの反目を捨て、大同小異で団結します。これが「大同団結運動」です。三大事件建白運動なども起こりましたね。これに対して、政府は保安条例を公布して民権派を追放しましたが、逆にこれが政党再建の動きを加速化させることにつながります。1890年の第一回衆議院総選挙では、自由党や立憲改進党などの民党が圧勝したという史実は有名です。

その後は、日清戦争の勝利を挟んで、日本で最初の政党内閣が出来上がりました。具体的には、自由党と進歩党（旧立憲改進党系）が合体してできた憲政党の内閣で、これがいわゆる「隈板内閣」（第一次大隈重信内閣）と呼ばれているものです。試験的には「最初の政党内閣」という記述で出題されることが多いので結構大切です。ただ、この内閣はすぐに尾崎行雄の共和演説事件により、たった4か月ほどでドボンします。そして憲政党はなんと憲政党（旧自由党系）と憲政本党（旧進歩党系）に分裂してしまいました。くだらない「うちが本家だ、うちが元祖だ」みたいな争いが起こったわけです。このうち、憲政党はこの後で伊藤博文に接近し、立憲政友会（伊藤博文が総裁）を設立します（1900年）。これはずっと続くビック政党なので超有名ですね。

尾崎行雄文相が、絶対にありえないと断りを入れた上で、「仮に日本に共和政治が行われるとしたら……」という発言をしてしまったんだ。天皇主権なのにね……。そりゃあ批判されるよね。

その後は紆余曲折ありますが、試験的に重要なのは憲政会ですね。加藤高明を総裁として1916年に設立されました。時代的にはちょうど吉野作造が民本主義を唱えた時期と重なります。一方、1918年に米騒動により寺内正毅内閣が倒れると、日本で初めての本格的政党内閣である原敬内閣が誕生します。しかし普通選挙には消極的であったことや政党政治の腐敗を正せなかったことなどにより、国民の失望を買い、最後は一青年に東京駅で暗殺されてしました。

本格的と呼ばれているのは、原自身が平民出身で、衆議院に議席を持っていて、かつ立憲政友会という政党のトップだったからよ。

時は下り1924年、貴族院や枢密院と結びついていた清浦奎吾内閣に対して、憲

53

政会・立憲政友会・革新倶楽部の３党（護憲三派）がかみつきます。これが第二次護憲運動です。「コソコソ内輪で政治をするな、憲法を守れ」というわけです。そして、解散総選挙でこれを倒したわけですね。ここで憲政会の加藤高明が３党の連立内閣を組織します。1925年には、念願の普通選挙法で満25歳以上の男子に選挙権を与え（男子普通選挙）、無産政党の出現に備えて治安維持法で社会運動を弾圧しました。この抱き合わせは超重要です。また、対外的には日ソ基本条約を結びました。この1924年の**加藤高明**内閣から

明治憲法下において選挙結果によって首相となった唯一の例だよ。

1932年の**犬養毅**内閣までの８年間は、衆議院多数党が交互に内閣総理大臣を出し政権を担当したため、「憲政の常道」と呼ばれています。戦前の政党内閣時代は８年間続いたわけです。

　ところが、そんな政党内閣時代も最後はあっけなく終わりを告げます。1931年に関東軍が柳条湖付近で満鉄を爆破（満州事変）すると、1932年２〜３月の血盟団事件で井上準之助や三井財閥の団琢磨が暗殺され、ついには同年5月15日、犬養毅首相が海軍青年将校に殺害されるという事件が起こります。「5.15事件」です。この時、犬養首相は、青年将校らに「話せばわかる」と言ったとされていますが、その努力むなしく、拳銃で眉間を撃ち抜かれて死んでしまいます。これにて「憲政の常道」は終了してしまいました。

加藤高明

男子普通選挙と抱き合わせで治安維持法も整備した。何となく危ない世の中になりそうだから。

　その後は、海軍大将の斎藤実が挙国一致内閣を組織していきます。なお、第二次世界大戦中には政党活動が全面的に停止となり、1940年に既存政党は解党させられ、翼賛議員同盟が結成されました。これが大政翼賛会です。ただし、明治憲法は機能していたため、衆議院選挙は行われたので注意しましょう。

犬養毅

話せばわかると思ったのに憲政の常道が終わるのは由々しきことだ……。

斎藤実内閣は、満州国を承認したり国際連盟を脱退したりしたんだ。そりゃ孤立するよね。ナショナリズムだもん。

② 戦後の政党史

戦後の政党史は、要するに戦後の内閣総理大臣史とセットとなっていて超重要です。ですから、量は多くなりますけど、ここでちゃんと理解しなければなりません。特に国家公務員試験を受験する方は頻出なので、これから私が説明することくらいは押さえておきましょう。では、いきます。

① 55年体制の確立まで▶

1940年代後半は、政情がコロコロ変わるので、特に意識して覚えておく必要はありませんが、GHQの間接統治の下、1945年10月に幣原喜重郎内閣が誕生し、この内閣に対してGHQは直ちに5大改革指令を発しました。1946年4月、戦後初の衆議院総選挙が行われ、

婦人の解放、労働組合の結成、教育の民主化・自由化、圧政的諸制度の廃止、経済の民主化、の5つだよ。

吉田茂内閣（第1次）が誕生します。この間に1946年11月3日に日本国憲法が公布、翌1947年5月3日に施行されました。それから、農地改革を行ったのもこの時期です。第一次と第二次がありますが、第一次が不

吉田茂

憲法の人と見られがちだけど、ほかにもたくさんのことをして日本に貢献したんだよな。

徹底でお粗末だったため、第二次は自作農創設特別措置法を制定して、一気に遊休土地等を強制的に買い上げました。1947年5月には戦後初めての社会党内閣（日本社会党・民主党・国民協同党の3党連立内閣）である片山哲内閣が発足します。ところが、社会主義政権らしからぬ中途半端なことを政策として行ったため、即刻総辞職してしまい、3党連立を維持したまま民主党の芦田均内閣にバトンタッチしました。

1948年10月からは長期政権である吉田茂内閣（第2次～第5次）が始まります。この間に行われたことはたくさんありますが、政治学的に重要なのは、何と言っても1951年9月にアメリカとの間で締結したサンフランシスコ講和条約です。この条約は、単独講和（片面講和）であったため、ソ連や中国などを含めた全交戦国と講和したのではないので注意が必要です。また、同時にアメリカ軍の日本駐留を認める日米安全保障条約（旧安保）を締結しました。旧安保のポイントは、日本防衛義務が入っていなかったことです。ただただ駐留を認めるだけでは不公平ではない

か、といった声が上がります。

　1955年10月、社会党内部の内輪もめが一段落し、右派と左派がまとまりました。日本社会党が再統一したのです。これに呼応するように、同年翌11月、保守陣営がビビってまとまりました。具体的には自由党と日本民主党が保守合同して自由民主党が誕生したのです。

ここは順番が重要だよ。日本社会党統一→保守合同で自由民主党の誕生、という順番だから逆にしないように気を付けよう。

これにより、一応形だけは二大政党制っぽくなりましたが、実際は当初から日本社会党は自由民主党の半分以下の議席しか獲得できなかったため、「1と2分の1政党制」と呼ばれました。この自由民主党の一党優位体制（ほぼ単独で政権を担当）は、その後1993年まで38年間続くことになります。これを「55年体制」と呼びます。

② 55年体制崩壊まで▶

　1956年10月、**鳩山一郎**首相はソ連のモスクワに足を運び、日ソ共同宣言に調印してソ連との国交を回復しました。北方領土の問題で折り合いがつかず、平和条約までは結べなかったのですが、とりあえずこれでソ連が日本の国際連合加盟を後押しするに至ったために、ようやく同年12月に国際連合に加盟することができました。現在までロシアとの間に平和条約がないという知識は今や常識ですかね？ あまり試験では出題されませんが……。

鳩山一郎

私が日ソ共同宣言に調印したから国連にデビューできたんだ。でも平和条約は結べなかったけども……。

普通は新しい主権国ができたらすぐに国連に入れるんだけど、日本の場合は大きく加盟が遅れてしまった……。理由はソ連が拒否権を行使したためなんだ。だから平和条約よりもソ連との国交回復を優先させたんだね。

　1960年1月、**岸信介**内閣は新日米安全保障条約に調印します。アメリカとの関係をよりフェアにするため、共同防衛義務と事前協議制を盛り込んだ点が試験的にポイントとなります。ところが、国民の間には「平和が守られないのではないか」という不安の声が広がります。

事前協議制　共同防衛義務

岸信介

共同防衛義務と事前協議制の2つはぜひ覚えてもらいたいな。苦労したんだ……。

それを無視して岸信介内閣は条約承認の強行採決に踏み切ったため、安保闘争に発展してしまいました。これにより、岸信介内閣は総辞職に追い込まれました。

Teramoto's Trivia

佐藤栄作と岸信介は、兄弟政治家だよ。

1960年7月、「寛容と忍耐」をスローガンに掲げて**池田勇人**内閣が発足し、所得倍増計画を打ち出します。国民は安保闘争という政治的トラブルに疲れ果てていましたから、「君たちの所得を10年で2倍にします

池田勇人

所得倍増なんて夢があるだろ？　私は国民の夢をかなえるために努力したんだ！

よ」などと言われてしまうと、みんな目が円マークになってしまうわけです。その国民心理をうまく突いた政策が、所得倍増計画でした。そして、この人は有言実行の人なので、政権が変わった後にはなりますが、1967年に実際に所得倍増を実現しました。ほかにも池田内閣の下で、1964年にIMF8条国に移行し、先進国が入れるOECD（経済協力開発機構）への加盟も果たしています。そして、同年10月に東京オリンピックが開催されるに至りました。こ

国際収支を理由に為替管理ができない国のことだよ。日本は1952年にIMFに加盟しているんだけど、それまでは為替管理が認められる14条国だったんだ。

の内閣はとにかく経済で国を引っ張ろうとした内閣だったと思ってください。

続く**佐藤栄作**内閣は長期政権です。この人の時代は、いろいろな外交問題が一気に解決に向かいました。佐藤栄作というと非核三原則（作らず、持たず、持ち込ませず）、それによるノーベル平和賞、武器輸出三原則の表明などが有名ですが、それ以外にもたくさんのレガシーを残しています。まず、1965年に韓国の朴正熙政権との間で日韓基本条約を締結し、韓国との国交を回復します。1968年には小笠原諸島が返還され、1971年には沖縄返還協定にもこぎつけます。実際、翌1972年には沖縄返還が実現しました。ただ、試験的に重要なのはここからです。実は、沖縄返還協定が調印された背景には日米繊維摩擦がありました。日本がアメリカとの繊維摩擦を解消するため、アメリカへの繊維輸出を自主規制することと引き換えに沖縄を返還してもらう、という密約が行われた

佐藤栄作

私の政権は長期にわたった。7年8か月間もやれることはやったつもりだな。ノーベル平和賞はちょっと意外だったけどね。

ようです。このことが「糸で縄を買った」という表現で批判されました。ただ、いずれにしても沖縄は日本に返還されることになりました。

1972年7月からは**田中角栄**内閣に代わります。田中首相は自ら訪中し、日中共同声明に調印しました。これにより日中の国交正常化に道を開いたことになります。

4

政党

Teramoto's Trivia

ただ、不運にも1973年10月に第4次中東戦争をきっか
けに第一次オイルショックが起こり、OAPECの石油戦
略により石油価格が高騰します。中東の石油依存が高い
日本はこの影響をもろに受けてしまい、激しいインフレ
に見舞われます（狂乱物価）。当時、田中首
相は「日本列島改造論」を掲げていて、全
国を新幹線や高速道路でつなぐことで産業
構造の地方分散化を図ろうとしていました
が、これがある意味、頓挫（後退）してし

田中角栄

まいました。翌1974年は戦後初めてGNPが1.3%のマイナ
スとなりました。しかも、退陣後の三木内閣時にロッキー
ド事件が発覚し、逮捕されてしまいます。踏んだり蹴った
りですね……。ちなみに、1978年に日中平和友好条約を
締結したのは福田赳夫内閣ですので注意してください。田
中角栄内閣が平和友好条約まで結んだのではない、という
知識は頻出です。ですから、田中角栄はキ
ラーパスを出した人、福田赳夫はゴールを
決めた人、と覚えましょう。なお、ほかに
も福田赳夫内閣は、「日米防衛協力のための
指針（ガイドライン）」を閣議決定したり、

福田赳夫

政府開発援助（ODA）の倍増計画を打ち出したりしました。
　1980年代の内閣は、**中曽根康弘**内閣と竹下登内閣を覚え
ましょう。まず、中曽根康弘内閣は、第二臨調の答申を受
け、行財政改革を推進した内閣として有名です。つまり、
三公社民営化（日本電信電話公社→NTT、日本専売公社
→JT、日本国有鉄道→JR）、民間活力の導入等ですね。第
二臨調のスローガンが「増税なき財政再建」となっていたた
め、基本的には歳出削減を目指したわけですが、のちに防衛費は増強し「GNP 1 %
以内」という枠を超えた予算を成立させてしまっている点には注意が必要です。ま
た、1985年にはプラザ合意でアメリカのドル高を是正するための協調介入を受け

一方で、老人医療無料
化などを行ったこともあ
り、この年は「福祉元年」
などと呼ばれているよ。

「日本列島改造論」は、
今の日本にもつながる
ところがある。地方が元
気にならないと日本は経
済面の成長がとまってし
まうのではないかな？

田中角栄は首相在
任中に逮捕されたの
ではないので注意し
よう。この点は試験
で問われているよ。

私が閣議で決定したガ
イドラインはその後、数
度の改定がなされてい
るね。アメリカとの関係
を良好に保つことは大
切だ！

第二次臨時行政調査
会のことだよ。行政改
革の審議会だと思っ
ておこう。行政学で詳
しく勉強するね。

Teramoto's
Trivia

田中角栄首相と鈴木善幸首相の顔はクリソツだよ。

入れました。これにより、日本は円高になり、一時、円高不況となってしまいました。一方、竹下登内閣は、増税に踏み切った内閣ですよね。今まで大平内閣でも中曽根内閣でも実現できなかった大型間接税＝消費税を導入したのです。3％からスタートしましたね。ただ、リクルートの贈収賄事件が発覚し、竹下首相自身も献金を受けていたことがバレて総辞職に追い込まれてしまいます。

大平正芳が首相を務めた内閣で、一般消費税を導入しようとしたんだけど無理だったんだ。1980年には史上初の衆参同日選挙が行われたんだけど、選挙期間中に彼は急死してしまったんだ……。

　1990年代は、ついに55年体制が崩壊します。まず1991年1月に湾岸戦争が起こり、日本は国際的な非難を浴びます。当時の海部俊樹内閣は、多額の経済的支援をしたのですが、軍事的支援を行わなかったために、国際的非難、ぶっちゃけアメリカからの大ブーイングを受けます。バブル経済が崩壊し、景気の停滞期に入っていくのもこの頃です。続く宮沢喜一内閣は、国際貢献の場面で信用を取り戻すために、1992年にPKO協力法を成立させ、自衛隊を初めてカンボジアに派遣します。この人は55年体制のラストエンペラーです。ただ、名前こそ格好いいのですが、政治改革を国民に約束したものの実現できず……。ついには1993年に内閣不信任案が突きつけられ、それが可決されてしまいます。解散総選挙の結果は自民党の惨敗。38年間続いた自民党黄金時代、「55年体制」は終わりを告げます。

③ 55年体制崩壊後2000年まで ▶

　解散総選挙の結果出来上がった内閣は、日本新党の**細川護熙**内閣です。この内閣は新しい時代の幕開け内閣という位置づけですが、いかんせん非自民7党1会派（8党派連立内閣）の連立政権でした。これでは最初から短命であることが明々白々ですよね。細川首相は時間が限られていることを悟ったのでしょう。一気に政治改革に着手します。具体的には、1994年1月、細川内閣は公約通り「政治改革関連4法案」を国会に提出し、成立させます。このうち特に重要なポイントは3つあります。まずは公職選挙法改正です。衆議院の選挙制度をそれまでの中選挙区制から現在の小選挙区比例代表並立制に変えました。次に、政党助成法を作りました。これは、金権政治に終止符を打つべく、国会議員5名以上、または国会議員が1人以上いて、直近の国政選挙で2％以上の得票のある政党で届出をした政党へ助成金を支給

Teramoto's Trivia　細川護熙は肥後熊本藩主細川家の18代当主だよ。議員をやめてからは、陶芸家として活動している。

するという内容の法律です。金策に走るくらいなら、国庫から政党にお金を配ろうという発想です。直近の国勢調査人口×250円を総額としたお金を各政党に交付するわけです。もっとも、これをもってしても政治家の政治資金パーティが姿を消すまでには至っていませんね。最後に、政治資金規正法の改正です。これは今、結構問題になっていますよね。現在は、政治家個人への個人献金（寄附）や政治家個人への企業・団体献金が禁止されていますが、政党への企業・団体献金と個人献金は禁止されていません。一気に改革を推し進めた細川内閣ですが、最後はあっけなかった……細川首相自らの佐川急便にからむ疑惑により退陣しました。

現在の総額は317億円くらいになるんだけど、半分以上が自民党に流れているよ。ちなみに、日本共産党だけはもらっていないんだ。もちろんあえてね。

その後は羽田孜内閣が短命に終わり、続く村山富市内閣は片山哲内閣以来の社会党内閣でしたが、社会党、自由民主党、新党さきがけの3党で連立を組みました。自民党と連立を組んでいる時点でお察し……という感じですが、社会党らしからぬ政策転換であまり筋が通っていないな〜という印象の内閣でした。また、阪神淡路大震災と地下鉄サリン事件が起こったのもこの村山内閣の時です。続く橋本龍太郎内閣は、第一次と第二次がありますが、第二次橋本内閣は自由民主党単独政権です。やったことと言えば、自衛隊による米軍に対する「後方地域支援」の実施などを新たに盛り込むガイドラインの改定（新ガイドライン）、消費税5％への引上げ、日本版金融ビッグバンの金融システム改革法の成立などがありますね。1990年代最後の内閣は小渕恵三内閣です。この人はとても人柄がよく穏やかな内閣でした。内閣官房長官時代の「平成」の額縁を持ったおじさん、つまり「平成おじさん」としても有名でしたが、2000年に首相在任中に脳梗塞で亡くなりました。

④ 2000年代以降 ▶

2001年からは5年にわたる長期政権、小泉純一郎内閣が誕生します。「聖域なき構造改革」というスローガンを掲げ、小さな政府を目指す新自由主義的な政策をとりました。日朝平壌宣言や自衛隊のイラク派遣、郵政民営化法の成立などが主な業績です。その後、政権交代が実現したのが2009年の鳩山由紀夫内閣です。民主党政権というやつですね。ただ、民主

日朝国交正常化交渉を再開しようという内容だよ。国交正常化をしたのではないので注意しよう。

羽田孜は僕が小5の社会科見学で国会に行った時に、ふざけて後ろを向いて歩いていた私とぶつかった人だよ。「少年、大丈夫か？」と声をかけてくれたのを今でも覚えている。

党政権とはいうものの、民主党、社民党、国民新党の連立内閣でした。この知識は以前試験でも問われています。民主党政権は以後、菅直人内閣、野田佳彦内閣と続きますが、2012年12月、安倍晋三内閣が政権を奪還しました。

実は小泉内閣の後に第1次安倍内閣が成立したのだけど、体調不良により総辞職してしまった。なので、2012年12月の安倍内閣は返り咲き内閣ということになるよ。憲政史上最長を記録しているよね。

PLAY&TRY

1. E.バークは、政党を、メンバーが合意している原理に基づいて共同で国家的利益を推進するためにつくられた集合体であると定義し、社会の中の特定のグループの利益をはかるための組織ではないとした。
【国税専門官H25】

1. ○
そのとおり。国民代表の原理も有名。

2. バークは、政党の発展を選挙権の拡大と関連づけて、政党が、貴族が支配層であった時代の貴族政党から、新たに支配層として台頭してきた名望家による名望家政党を経て、政治的重要性を増してきた大衆を動員するための組織を備えた大衆政党へと発展していったとした。
【特別区H30】

2. ×
ウェーバーの誤り。

3. サルトーリは、社会問題を政治問題に転換していく機能を利益表出機能、政治的諸問題を体系的な政策へと凝集していく機能を利益集約機能と呼び、政党は主に利益集約機能を果たすとした。
【特別区H24】

3. ×
アーモンドの誤り。

その後リムジンに乗ってどこかに行ってしまったけどね。

4. アーモンドは、政党の機能には、社会における個人や集団が表出する様々な要求、利益、意思などを調整し、政策提案にまとめあげていく利益集約機能があるが、社会問題を政治問題に転換していく利益表出機能は、圧力団体がその機能を果たしているため、政党にはその機能はないとした。

【特別区 H30】

5. M.デュヴェルジェは、「小選挙区制は二大政党制に、比例代表制は多党制につながる」とする法則を提示した。彼は、小選挙区制が二党化を促すメカニズムとして、「機械的要因」と「心理的要因」を挙げる。後者は、各選挙区で当選可能性の低い第3党以下の候補者が、有権者の戦略的な投票の結果、淘汰されることをいう。

【国家一般職 H30】

6. デュヴェルジェは、政党制を、政党の数を基準として、1つの政党だけが存在し、支配している一党制、2つの強力な政党が存在し、政権をめぐって有効競争をしている二大政党制、3つ以上の政党が存在し、いずれもが過半数を制しておらず、連立によって政権が形成されている多党制に分類した。

【特別区 H30】

7. 穏健な多党制は、政党数が3～5で、政党間のイデオロギーの相違が比較的小さく、連合政権軸は二極で、政党間の競合が求心的な政党制である。

【特別区 H26】

8. 一党優位政党制は、形式的には複数の政党が存在しているものの、実際には一党が支配しており、その他の政党は第二次的政党、衛星政党としてのみ許され、制度的に政党間の競合が存在しえない政党制である。

【特別区 H26】

9. サルトーリは、政党制を、その国の政党数のほか、政党間のイデオロギー距離を主な基準として7つに分類し、そのうちの1つであるヘゲモニー政党制とは、支配的な政党がないため、極めて多くの政党が乱立している状態であるとした。

【特別区 H30】

10. G.サルトーリは1970年代、政党の数と政権交代の回数という二つの基準を用いて、政党システムの分類を行った。その類型の一つである「穏健な多党制（限定的多党制）」は、複数の政党が民主的選挙で競争している一方、結果として特定の一政党が選挙に勝利し続けるため、政権交代が長期間行われない政党システムを指す。

【国家一般職 H30】

11. 議会の過半数議席が得られる政党連合の組合せのうち、政党間の政策的距離が最小である連合政権を、W.ライカーは「最小勝利連合」と呼んだ。この考え方では、各政党は政権の獲得とともに政策の実現を目指すことが前提とされている。連合政権を構成する政党のうち、政策的に中間な立場をとるものを「要政党」という。

【国家一般職 H30】

8. ×
ヘゲモニー政党制の誤り。

9. ×
原子化政党制の誤り。

10. ×
本肢は、「一党優位政党制」に関する説明である。

11. ×
「最小勝利連合」の意味が違う。また、要政党とは、最小勝利連合を維持するために参加が必要となる、あるいは離脱すれば政権崩壊に結びつく、という意味で要と呼ばれる。

12. S. リプセットとS. ロッカンは1960年代に国際比較研究を行い、欧州諸国の政党システムが、第二次世界大戦の結果として形成された社会的亀裂構造に強く規定されていることを示した。長期にわたって安定していた各国の政党システムが、1940年代以降になって流動化したとするリプセットらの主張は「解凍仮説」と呼ばれる。

【国家一般職H30】

13. R. カッツとP. メアは、1970年代以降の欧州諸国において、「カルテル政党」と呼ばれるタイプの政党が選挙に新規参入し、既成政党と競合するようになったと主張した。カルテル政党は、既成政党の活動資金が国家からの助成金に依存していることを批判し、そうした既得権益の打破を主張することで選挙での得票を伸ばした。

【国家一般職H30】

14. アメリカでは、19世紀半ば以降共和党と民主党の二大政党制となっている。一方、現在イギリスでは保守党と労働党の二大政党制となっているが、第三党も議会において議席を保持している。

【国税専門官H15改題】

15. 英国では、第二次世界大戦後、下院において、二大政党が第1党、第2党を占めてきた。他方、いくつかの選挙区では、第3党以下の政党や地域政党が議席を獲得し、これらの政党も下院での議席を有してきた。2010年の下院選挙の結果、第1党が単独過半数に達しなかっ

---

12. ×
1920年代までに形成された社会的亀裂構造に強く規定されているとした。また、各国の政党システムが固定化したので「凍結仮説」と呼ばれる。「解凍仮説」はキルヒハイマー。

13. ×
カルテル政党は、国家からの助成金に依存し、既得権益を利用し得票を伸ばす。

14. ○
そのとおり。
アメリカとイギリスの比較はよく出題されるので注意。

15. ○
そのとおり。
「宙ぶらりん議会」になった。

たため、第1党、第2党とも第3党と連立協議を行い、合意に至った第1党と第3党との連立政権が成立した。

【国家一般職H26】

16. アメリカでは政党の財政を支えているのは多数の党員から徴収する党費であるのに対し、イギリスでは主として献金に依存している。

【国税専門官H15改題】

16. ×
アメリカとイギリスの記述が逆である。

17. 吉田茂首相は、日米安全保障条約により米軍による基地使用を認めたが、独立を回復した後に経済復興が遅れることを恐れて再軍備には消極的であった。また、昭和26年(1951)年にはサンフランシスコ講和条約を締結して主権を回復し、国際連合への加盟も実現させた。

【オリジナル】

17. ×
国際連合への加盟を実現させたのは鳩山一郎首相である。

18. 岸信介首相は、米国と日本の地位をより対等なものとするために日米安全保障条約を改定し、共同防衛義務や米軍の配備に関する事前協議制の導入、自衛隊による米軍に対する「後方地域支援」の実施などを新たに盛り込んだ。

【オリジナル】

18. ×
「後方地域支援」の実施は、橋本内閣時の新日米ガイドラインである。

19. 池田勇人内閣は、「寛容と忍耐」をスローガンに、所得倍増計画を提示して国民生活水準の顕著な向上と完全雇用の達成のために経済の安定的成長の極大化を目指した。また、外交面では、国際通貨基金(IMF)8条国へ移行して通商・金融面での自由化を果たすとともに、経済協力開発機構(OECD)への加盟を実現した。

【国家一般職H27】

19. ○
そのとおり。経済面に力を入れたのが池田勇人内閣である。

20. 佐藤栄作内閣は、対米協調路線を基本とし、対米貿易黒字が恒常化するなど深刻となっていた日米経済摩擦問題を解決するため、繊維輸出の自主規制を実施した。また、沖縄返還を目指したが、昭和45（1970）年の日米安全保障条約改定に対する国民的規模の反対運動を受け、返還交渉の合意に至ることなく同年、退陣した。

【国家一般職H27】

21. 田中角栄内閣は、過密過疎を解消し、全国土に効果を及ぼすネットワークを形成するために鉄道、高速道路、情報通信網、港湾などの整備を図ることを主な内容とする「新全国総合開発計画（新全総）」を閣議決定した。また、昭和47（1972）年には田中首相が日中国交正常化を図るため中華人民共和国を訪問し、同年、日中平和友好条約が締結された。

【国家一般職H27】

22. 大平正芳内閣における間接税導入の挫折は、その後の自由民主党政権に「増税なき財政再建」を課題として突き付けた。この課題に対して、中曽根康弘内閣は、経済的自由主義を背景として行財政改革を推進し、民間活力の導入等の政策によって対応する姿勢を打ち出した。

【国家一般職H29】

23. 中曽根康弘内閣の経済的自由主義に基づいた政策は、その後、いわゆるバブル経済を引き起こすこととなった。このバブル経済の崩壊と景気の急激な停滞に直面した竹下登内閣は、景気対策の財源確保のため間接税の導入を試み、「消費税」の導入を実現させた。

【国家一般職H29】

20. ×
沖縄返還協定の調印までこぎつけ、沖縄が返還された。また、日米安全保障条約改定に対する国民運動が起こったのは岸信介内閣の時である。

21. ×
新全総は佐藤栄作内閣が閣議決定をしたものである。また、日中平和友好条約を締結したのは、福田赳夫内閣の時である。

22. ○
そのとおり。
三公社の民営化が大切である。

23. ×
竹下登内閣時はバブル経済は崩壊していない。バブル経済の崩壊は海部俊樹内閣の時である。

24. 竹下登内閣がリクルート事件をきっかけに退陣
したことを受け、我が国においては政治改革が
喫緊の課題となった。こうした状況の中で、非自
民の連立内閣である羽田孜内閣の下で選挙制度
改革を含む政治改革関連４法案が成立した。
【国家一般職H29】

24. ×
政治改革関連４法案を成
立させたのは、細川護熙
内閣。

量が多いな。
でも焦っても仕方ない
からゆっくり進もう。

5 圧力団体

政党と交互に出題されるのが圧力団体。学者の理解さえしておけば何もこわくありません。確実に1点ゲットしましょう！

1 圧力団体とは

圧力団体とは、自らの特殊的利益を守ったり、推進したりするために、議会や政府に働きかけを行う団体です。これを言われて、例えば労働組合や経団連、日本医師会などが即座に頭に思い浮かんだ人は優秀ですね。単に利益集団・利益団体と呼ばれることもあります。厳密にはこれらの用語は使い分けた方がいいのでしょうが、はっきり言って、公務員試験の択一レベルでは使い分けを意識する必要はあり

V.O.キーは、圧力団体を「公共政策に影響を及ぼすために形成され、政党の機能を補完する私的な任意団体」と定義しているよ。その上で、「権力の存するところ、そこに圧力がかけられる」と述べた。

ません。圧力団体の最大の特徴は、政党と違って政権の獲得を目指さない点です。公然と公職を選挙で争うことはしませんし、政府マネジメントの責任を引き受けようという気概にも欠けます。このような団体が台頭してきた要因は、一般的に政党の機能低下にあるとされます。アメリカでは政党が民主政治の古典的手段であると揶揄されるようになったため、戦前から圧力団体が発達してきました。圧力団体はそれぞれの要求を政治に反映させることに注力するので、主に社会問題を政治問題に転換する利益表出機能を果たします。これによって政党の機能を補完しているわけです。実際に、**G.A.アーモンド**も任意的結社である圧力団体の活動が、議会を中心とした議会制民主主義を補完する役割を果たしていることを認め、その

ほかにも、利益集約機能や政治的リクルートメント機能、政治的コミュニケーション機能があるよ。あくまでもメインが利益表出機能なんだと思っておこう。

活動を高く評価しました。

　しかし、一方で、圧力団体が取り上げる問題は自らの特殊的利益と関係のあるもの
に限られるわけですから、私たちのような一般ピー
プルの利益を広く表出してくれる存在ではありませ
ん。また、圧力団体に所属している人は一般に高学
歴・高収入であることが多く、<u>圧力団体がエリート
の利益主張の手段として使われている</u>という批判も
あります。つまり、圧力団体の活動によって利益を
受ける者は、結局金持ちたちだけあって、低所得者
や社会的弱者の声なんて届かないことが多いのです。

E.E.シャットシュナイダー
は、利益団体の活動が統制さ
れないと、多数者の利益を犠
牲にして少数者の利益だけ
が実現してしまうと批判し、
圧力政治の反民主的な側面
を指摘したよ。

2　圧力団体の分類

　圧力団体の分類はいろんな学者が好き勝手言っているので、あまり覚える必要がな
いと思います。ただ、一般的には、セクター団体と価値推進団体に分類されます。
まず、セクター団体は、経済的利益を基礎とするもので、ビジネス、労働、農業、
医師などの専門家などの団体があります。価値推進団体は、特定の価値や主義に基
づくもので、平和団体、環境団体、有権者意識向上団体などがあります。この価値
推進団体が実現する利益は、圧力団体に加入していない人にも与えられるという特
徴を有します。ほかにも、C.オッフェは、圧力
団体を<u>市場団体と政策受益団体</u>に分けました。
市場団体は、先のセクター団体に加えて、消費
者団体が含まれるという点がポイントです。一
方、政策受益団体は、福祉団体や教育団体、行
政関連（外郭）団体などのように、産業部門や

日本の1980年代における分類は、
村松岐夫の挙げた、セクター団体、
政策受益団体、価値推進団体の3
つだよ。

市場に直接的な利害関係を持たないものの、政府の決定や政策によって直接に影響
を受けることから特定の政策に利害関心を持つ団体のことです。

ここでは、アメリカと日本の2か国を押さえておきましょう。

🔳 アメリカ

　まず、アメリカは、圧力団体の国と呼ばれるほど、圧力団体の活動が活発です。

圧力団体の働きかけをロビイングといいますが、アメリ
カでは政策決定者や実施者に直接働きかける「直接ロビ
イング」と一般市民への宣伝や新聞、テレビでの広告、
大衆集会などの「間接ロビイング」（草の根ロビイング）
の2つの方法があります。圧力団体は、ロビイングを行
う専門のスタッフであるロビイストを雇用し、その者を
通じて圧力をかけていきます。直接ロビイングは、かつ

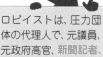

ロビイストは、圧力団体の代理人で、元議員、元政府高官、新聞記者、弁護士など、広い人的ネットワークを持っている人がなれるんだ。

ては立法府である議会に対して行う（立法ロビイング）のが一般的でしたが、最近
は行政国家の進展とともに、行政府もその対象になってきています（行政ロビイン
グ）。第一次的には議会（特に委員会）、第二次的には行政機関、と覚えましょう。
そして、試験的に重要なのは、1946年に作られた連邦ロビイング規制法です。これ
は、ロビイストを国家公認の職業とする代わりに、登録や献金者、献金額の収支報
告（雇用者や報酬額なども報告）を義務付ける法律です。違反すると罰則も科され
ますので大変です。ただ、この法律はロビイングを禁止するものではなく、あくま
でもロビイングの透明性を確保しようとする趣旨のものであるという点に注意しま
しょう。

🔳 日本

　日本の圧力団体は、アメリカのようなロビイストは雇いません。しかし、昔は行政
府や業界団体と太いパイプを持つ「族議員」がロビイスト的な役割を果たしていまし
た。議員がロビイスト的であったとは面白いですよね。そして、日本の場合は官僚主
導……と言われてきたことから、行政府が力を持っています。そこで、議会に圧力を
かけないわけではありませんが、実質的な政策決定を行っている行政府に対する圧
力活動が活発です。次に、日本の圧力団体政治のポイントを4つまとめておきます。

Teramoto's Trivia 　族議員は特定分野の専門家の議員で、「厚生族」「運輸族」など。「族」と呼ばれていたんだ。

日本の圧力団体政治のポイント

- ✓ 圧力団体が政党ごとに系列化されている傾向がある(例えば、自民党は経団連、日本医師会、日本遺族会、農協などと深い関係がある)。

- ✓ 組織の設立が自発的ではなく、既存の社会集団の成員がそのまま丸ごと圧力団体に転化したケースが多く見られる(既存集団の丸抱え)。つまり、もともとは別目的で作られた団体がいつのまにか圧力団体になっているというケースが見られる。また、一般成員が活動に不熱心で、指導者層に活動を一任している(白紙委任的リーダーシップ)。これらは、石田雄が指摘したものである。

- ✓ 政府役職者とのやり取りを通じて、行政機関との密接な関係によって正統性を高めた集団が強い影響力を持っている(相互作用正統化仮説)。これは、村松岐夫が指摘したもので、団体の影響力の強弱を示したものである。

- ✓ 圧力団体政治を支配するものとして、「政官財(業)」のパワー・エリートが結束している(日本版鉄の三角形)。政=政権党の議員、官=官僚、財(業)=圧力団体。

4 圧力団体に関する学説

1 集団理論

では、ここからは圧力団体に関する学者の考えを見ていきましょう。政治は、20世紀初頭に圧力団体の活動が活発化したため、大きな変化を見せ始めました。このことにいち早く気づき、政治のステージにおける集団の重要性に着目したのが、**A.F.ベントレー**です。

同じころ、G.ウォーラスも、19世紀型政治学の主知主義を批判した。これらに代えて、心理学的方法を導入することを提唱し、感情のように無意識的・非合理性的要素こそが政治にとって重要だと指摘した。政治の場面では、人間心理を研究することが重要であるということだよ。

彼は、1908年に『統治の過程』という本を出し、19世紀型の制度論に偏った政治学を「死せる政治学」と批判しました。そして、政治現象を集団単位の相互関係でとらえようとしました。ただ、このベントレーの考えは斬新的過ぎて、当時は見向きもされませんでした。しかし、時は流れ、1950年代に入って、**D.トルーマン**が『統治過程論』(1951年)を出し、ベントレーの集団理論を継承発展させました。この人はベントレーの再発見者と言えます。

ベントレーとトルーマン

✓ A.F. ベントレー『統治の過程』(1908年)

個人が複数の集団に加盟することで、集団間の調和や均衡が保てると主張しました。この一人が複数の集団に属している状態を「集団のクリスクロス」と呼びました。例えば、一人の者が子育て支援団体に入りながら、高齢者支援団体に入っていたら、どちらか一方の利害に偏った主張をしづらくなりますよね。**これにより集団間の調和と均衡が生まれる**としたわけです。角が取れて丸くなる的なイメージを持ってもらうといいかもしれません。

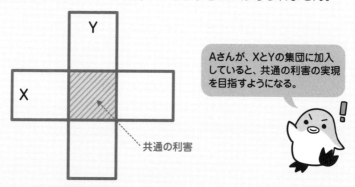

Aさんが、XとYの集団に加入していると、共通の利害の実現を目指すようになる。

共通の利害

✓ D. トルーマン『統治過程論』(1951年)

前述したように、ベントレーの研究を再評価した人物です。ベントレーの「集団のクリスクロス」を「重複的メンバーシップ」という概念に引き直しました。内容は同じようなものです。また、通常は未組織なのに、自分たちに不利益がもたらされると政治の表舞台に登場する集団を「潜在的集団」と呼び、**特定の集団が暴走したり、過激な要求をしたりするのを抑制する役割を担っている**と指摘しました。つまり、トルーマンはこの潜在的集団に対して期待を寄せていたというわけですね。

ちなみに、トルーマンは圧力団体の形成を導く基本変数は**マクロな社会的変化**であるとしました。これを「社会要因論」といいます。そして、工業化や都市化といった社会の変化が利益や価値の多様化を生み、様々な団体を生み出すと主張しました(増殖仮説)。これは多くの政治学者や社会学者の支持を得ている仮説です。また、短期的に大きな社会的変化が起こり、既存の社会勢力間の均衡が崩れると、**それにより不利益を受ける社会集団からの圧力活動が活発になる**と主張しています(均衡化仮説)。つまり、均衡回復のためにこのようになるというわけですね。いずれにしても、トルーマンは、団体の形成を社会的変化の帰結とみなしました。

　これに対して、**M.オルソン**は、個人が自己の効用を最大化させるように行動する（合理的選択論）ことを理由に、団体の形成は自動的に行われないだろう、とトルーマンの考えを否定しました。そして、それぞれが合理的に行動するため、楽をして便益だけを受けようとする個人が出てくると言います。こういう人を「**フリーライダー**」と呼びます。例えば、環境保護運動に自分が参加しなくても他の人が活動して働きかけてくれれば、環境政策が施されるわけで、その便益を自分もあずかれますからね。でもこういう他人任せはあまりよくありません。なるべくみんなに参加してもらって（これを「組織化」と呼ぶ）、そこで得られた利益をみんなで享受するのがフェアですからね。彼は、このフリーライダーの発生問題から見た場合に、集団が小さい（メンバーの数が少ない）と組織化されやすく、**集団が大きい（メンバーの数が多い）と組織化されにくい**と指摘しました。つまり、小集団では、お互いが目立つためフリーライダーになりにくく、大集団ほど、人数が大きいのでしれっとフリーライダーになりやすいというわけです。ですから、こうした大集団で組織化を促すためには（参加を促すためには）、①**強制力を働かせる**か、②**選択的誘因**（例えば、参加する者だけに特典をプレゼントするなど）を提供する必要があるとしました。また、団体に所属するメンバー数と、その団体の利益団体としての活動の活発さとの関係についても考察し、メンバー数の多い団体ほど、フリーライダーが生じるため、メンバーの活動への参加が停滞し、結果としてその団体の活動が不活発化するとしました。

ただ乗りをする人という意味だよ。集団で物事を決める際には、なるべく多くの人に参加してもらってそこで決めるのがいいよね。だから、あまりフリーライダーが生じるのはよくないんだ。

　ほかにも、圧力団体政治を批判的に捉えた人もいます。**T.J.ローウィ**です。この人は、現代国家が既存の圧力団体のみに特権を与え、政治的正統性を失ってきたことを**「利益集団自由主義」と呼んで批判しました**。つまり、特定の圧力団体のみに特権的利益を与えてきたことをこのような言葉で表現したわけです。これを防ぐためには、厳格な法律の適用によって政府の裁量に歯止めをかけるべきだと主張ました。これを「**依法的民主主義**」といいます。法に依存するから依法的なんだ、と思っておきましょう。

T.J.ローウィ

利益集団自由主義にならないように法でしばる！これこそ依法的民主主義だ！どうだ？

最後に、圧力団体に関する問題でたびたび出題されている学者を「その他」という形でまとめておきます。国家公務員試験を受験する方のみ軽く一読していただければ結構です。

その他

✓ **便益の交換**
R.ソールズベリーは、圧力団体は政治的な企業活動家とメンバーの間の便益の交換によって成り立ち、その交換が継続する限り存続すると主張しました。そして、この便益には、物質的・経済的便益だけではなく、連帯的・表出的な便益も含まれるとしました。

✓ **対抗権力**
J.ガルブレイスは、1つの圧力団体が力を付けてくると、それに対抗する圧力団体が生じることから、圧力団体間でのチェック・アンド・バランス、すなわち抑制均衡が働くとしました。そして、圧力団体が自由に自己の利益を追求すればするほど、この抑制原理が働くので、公共の利益が実現されやすいとしました。

✓ **イシューネットワーク**
H.ヘクロは、政策領域ごとに形成される利益集団、議会、行政機関という「鉄の三角形」モデルにケチをつけ、政策情報や知識などを持った人々の人的つながりである「イシューネットワーク」が、アメリカにおける政策決定に影響を与えていると指摘しました。

2 ネオ・コーポラティズム

ネオ・コーポラティズムとは、1970年代のオイルショックによる世界的な不況を乗り切るための有効なシステムとして注目された概念です。具体的には、巨大な圧力団体が国家の政策に協力しながら、自らの利益を部分的に反映させ、かつ集団相互の妥協や利害の調整を図っていく政策決定過程です。ネオ・コーポラティズムの下では、各分野を代表する頂上団体（圧力団体のトップ）と官僚が協調的に政策決定を行

「コーポラティズム」という言葉は、第二次世界大戦前のファシズム期に国家が各職能団体を国家統合に組み込むために強制的に協力させた（翼賛体制）ことに端を発する。これを「ネオ・コーポラティズム」と区別するために「権威主義コーポラティズム」と呼ぶよ。このように、コーポラティズムを2つに分けた代表論者として、P.シュミッターがいる。

うことで、国難を乗り越えようではないか、という機運が生まれます。国でいうと、**オーストリアやオランダ、スウェーデン、ノルウェー**などの北中欧諸国が典型例として挙げられます。一方、**アメリカ**は、競争し対抗し合うことによって政策が作り出されるという考え方が主流なので、ネオ・コーポラティズム的ではありません。こうした社会集団間の競争や対抗により社会的利益の均衡が生み出されるという考え方を「**多元主義**」といいます。

ちなみに、日本の場合は、労働組合の組織率が低いこと、1989年に「連合」ができるまで単一の頂上団体がなかったこと、企業別労働組合を基本としていたため集権度が低かったことなどを理由に、ペンペルと恒川恵市はネオ・コーポラティズムを「労働なきコーポラティズム」と呼んだ。ネオ・コーポラティズムの体制から労働組合がパージされているからこう呼ばれるんだ。

5

圧力団体

PLAY&TRY

1. 政策の形成過程においては、業界団体や労働組合などの利益団体と政党とで役割分担がなされ、利益団体は団体構成員の利益や意見を吸い上げるという利益集約機能を、政党はこれらの吸い上げられた利益や意見を調整して政策に変換するという利益表出機能をそれぞれ担っているとされる。

【国税専門官H26】

1. ×
利益集団は主に利益表出機能を担い、政党は主に利益集約機能を担う。

2. 圧力団体は、公共政策に影響を及ぼすために公然と公職を選挙で争おうとしたり、政府マネジメントの責任を引き受けようとしたりする。また、圧力団体が活動した成果は利益団体に配分され、圧力団体に加入していない者には与えられない。

【国家一般職H22改題】

2. ×
そもそも圧力団体は、公職を争わず、政府マネジメントの責任を引き受けることもしない。また、活動した成果は、圧力団体に加入していない者に与えられることもある(価値推進団体の活動など)。

Teramoto's Trivia

アメリカの場合は言いたいことを言い合って、それぞれが妥協できるところは妥協していくんだ。最初から手を結ぶ発想はアメリカ的ではない。

3. 圧力団体の行動を通じて積極的に利益を受ける
ものは、政府の援助に頼る必要の少ない中流以
上の階層ではなく、政府の援助を最も必要とす
る低所得者層や社会的弱者である。

【特別区H24】

4. ヨーロッパでは、圧力団体の代理人が、その団体
にとって有利な法案の成立や不利な法案の修正、
否決のために、議員や官僚に直接働きかける活
動が活発であるが、これはアメリカではみられ
ない政策決定過程である。

【特別区H30】

5. アメリカでは、圧力団体の代理人であるロビイ
ストが連邦議会の議員に対して働きかけを行う
場合、連邦ロビイング規制法によって、連邦議会
へのロビイストの登録及びその収支報告が義務
づけられている。

【特別区H24】

6. 我が国の圧力団体の特徴は、構成員の自発性に
基づいて組織されるというよりも、既存団体を
丸抱えするように組織される傾向があるという
ことや、活動目標が行政部よりも議会に向けら
れているということにある。

【特別区H24】

7. トルーマンは、1908年に著した「統治の過程」の
中で、従来の制度論的政治学を「死せる政治学」
と批判し、政治現象を分析するためには、集団間
の対立、抗争から利害調整に至るまでの現実の
政治を研究する必要があると主張した。

【特別区H30】

8. D.トルーマンは、利益団体の形成を導く基本的な要因はマクロな社会的変化であるとし、工業化や都市化に伴う社会的分化が利益や価値の多様化を通じて様々な利益団体を生み出し、また、既存の社会勢力間の均衡が崩れると、それにより不利益を被る社会集団の側からの圧力活動が盛んになると論じた。

【国家一般職H28】

9. M.オルソンは、人々が共通の利益を有することを明確に認識していても、その利益の実現のためだけに利益団体が形成されることはないとし、利益団体が形成される誘因として、共通の利益を有する者を強制的に団体に加入させる仕組みが作られることや、団体加入者だけに選択的に配分される利益が用意されることを挙げた。

【国税専門官H26】

10. M.オルソンは、団体に所属するメンバーの数と、その団体の利益団体としての活動の活発さとの関連について考察し、メンバー数の多い団体ほど、そのメンバーが当該団体の影響力を大きく認識するため、メンバーの活動への参加がより盛んになり、結果としてその団体の活動が活発化するとした。

【国家一般職H28】

11. ネオ・コーポラティズムとは、巨大な圧力団体が、国家の政策決定過程における重要なメンバーとなり、政府の政策に協力しながら、自己利益を部分的に反映させ、かつ、集団相互の妥協、調整を図る形態をいう。

【特別区H30】

8. ○
そのとおり。
増殖仮説と均衡化仮説である。

9. ○
そのとおり。
組織化のためにはこの2つが必要となる。

10. ×
メンバーの数が多い団体ほど、活動が不活発になるとした。

11. ○
そのとおり。
「協力」「部分的に反映」「妥協」「調整」などがキーワードだ。

6 選挙制度

難易度 ★ ★ ★

頻出度 ★ ★ ★

選挙制度は教養試験の社会科学でも出題される重要テーマです。各選挙制度の特徴（メリットとデメリット）や日本の選挙制度を中心にしっかりと暗記しましょう。

1 選挙の基本原則

　民主主義国家では、統治の権威とその正当性づくりのために選挙が行われています。そのため、公正な選挙を実現することが何よりも大切になります。基本原則は5つあると言われるため、次に簡単にまとめてみます。

選挙の基本原則

普通選挙 （⇔制限選挙）	性別、財産、社会的身分などにより制限を設けることなく、一定の年齢に達したすべての国民に選挙権を認める建前。年齢以外の制限を課さないという意味でとらえるといい。 →日本の男子普通選挙制（満25歳以上）は1925年、男女普通選挙制（満20歳以上）は1945年に成立。
平等選挙 （⇔不平等選挙、等級選挙）	一人一票の数的平等のみならず、一票の価値の平等も保障する建前。衆議院で2度、違憲判断がなされたことがある（昭和51年判決、昭和60年判決）。
直接選挙 （⇔間接選挙）	代表者を直接選ぶ建前。憲法上、国政選挙については直接選挙の明文なし。地方選挙（首長選挙・地方議会議員選挙）は直接選挙の明文あり。
秘密選挙 （⇔公開選挙）	誰に投票したかを秘密にする建前（無記名投票制）。憲法15条4項に明文の規定がある。
自由選挙 （⇔強制選挙）	投票するかしないかは個々人の自由であるとする建前。

どうでしょうか？ ５原則という覚え方をすれば何とかなると思いますよ。ちなみに、普通選挙は、日本では戦後直後に克服された形となります。しかし、平等選挙は現代的課題と言われていて、一票の価値の問題として国政選挙が行われるたびに、全国訴訟が提起されています。普通選挙

ちなみに、諸外国はもっと早いよ。例えば、アメリカは、1870年に男子の、1920年に女子の普通選挙が認められている。同じくイギリスは、1918年に男子の、1928年に男女の完全な普通選挙が認められているよ。

は「選挙権の有無のところで差別しませんよ」というイメージで、平等選挙は選挙権があることを前提に、「一票の価値を差別しませんよ」というイメージで覚えておきましょう。

　あとは、豆知識的な感じにはなりますが、日本では、選挙権はあくまでも「権利」の側面があるので（二元説）、自由選挙の原則をとっていますが、世界では強制投票制を採用している国もあります。投票を義務としている国（義務投票制度）も含めると、結構あります。代表国は、オーストラリア。ほかにも南米諸国に多いですね。世界30か国程度が採用しています。ちなみに、義務投票制度とは、投票を強制するわけではないが、国民の義務とする制度です。また、普通選挙が実現される過程で全人口に占める有権者の割合はどんどん高くなってきたのですが、この有権者割合が試験では結構問われます。とりあえず、「1、20、50、85」という数を覚えましょう。具体的には、1890年（初めての選挙）→1.1%、1928年（男子普通選挙の実現）→20.0%、1946年（男女普通選挙が実現）→48.7%、2015年（18歳選挙権が実現）→85%程度となっています。これはあくまでも有権者割合です。投票率ではないので注意しましょう。

2　選挙制度の分類

1　小選挙区制

　1つの選挙区から1名を選出する方式です。有権者は1人の名前を書いて投票します。当選の決め方は絶対多数制と相対多数制の２つがありますが、相対多数制とは、相対的に得票数の多い人を当選させるというシステムで、普通の国は相対多数制を採用します。日本も相対多数制を採用していますね。一方、絶対多数制とは、過半数の得票がないと当選できず、その場合は２回目の投票を行うというものです。

投票率の歴代最高は、1890年の第一回衆議院議員選挙時の93.91%だよ。

6

選挙制度

フランスの大統領選挙が有名ですね。この点については後述します。

では、小選挙区制の特徴をみていきましょう。次の図を見てください。

小選挙区制のイメージ

A党	B党
佐藤氏	寺本氏
501票	499票
当選○	落選×

> 2票しか違わないのに、499票はすべて死票になっちゃうね。死票が多すぎる……。

例えば、有権者数が1000人で、当選確率のある候補がA党の佐藤さんとB党の寺本の2人だと仮定しましょう。小選挙区制は大政党に有利で、泡沫候補はあまり勝てる見込みがないので、今回は無視しました。そして、佐藤さんが501票獲得し、私が499票獲得した場合、当然私は落選します。しかし、私に投じられた票は499票もあるのに、その民意はすべて死票となって国政には反映されません。このように死票が一人に大量に集中してしまう、というのが小選挙区制のデメリットです。つまり、多様な民意を反映することには向かないのです。また、一票でも多く獲得した方が勝つという仕組みだと、選挙区割りが命になります。それゆえゲリマンダーの危険が生じると言われます。ゲリマンダーとは、特定の政党・候補者に有利になるような、恣意的な選挙区割りのことを意味します。実際、1812年にアメリカのマサチューセッツ州のE.ゲリー候補が、自分の所属政党に有利なように選挙区割りをしたらしく、その形が伝説のトカゲ「サラマンダー」の形になったというのです。そこで、ゲリーとサラマンダーをあわせてゲリマンダーと呼ぶようになったわけです。今ではあり得ませんが、昔は本当にこんなことが起きたのですね……。一方、メリットもあります。小選挙区制は、ビッグ政党同士の戦いとなるので、二大政党制を促進し、政権安定につなが

「デュヴェルジェの法則」を思い出そう。ちなみに、イギリスのW.バジョットは、議院内閣制にとって大切なことは安定した多数派を形成することだとして、多数代表制（小選挙区制）の重要性を指摘したよ。

るると言われます。

② 大選挙区制

　１つの選挙区から2人以上（複数）を選出する方式です。記入方式によって完全連記制、制限連記制、単記投票制の３つに分かれます。完全連記制とは、例えばその選挙区から３人選出する場合に、３人の候補者名を記入して投票する方式です。制限連記制は、先の例で２人の候補者名を記入して投票する方式です。単記投票制とは、先の例で１人の候補者名のみを記入して投票する方式です。日本は国政・地方問わずすべて単記投票制を採用しています。ちなみに、大選挙区制は、概念的には１つの選挙区から「２人以上」選出される方式のことをいいますが、実際は６〜８人程度選出されなければ、「大」選挙区というにふさわしくないという評価があります。そこで、各選挙区から３〜５人程度しか選出されていなかったかつての衆議院選挙（55年体制下で1993年まで行われていた）は、あえて「中」選挙区制と呼ばれていました。試験的には中選挙区制がかつての衆議院選挙で採用されていたことと、これが大選挙区単記投票制を指すということを覚えておきましょう。

　では、次に大選挙区制の特徴を見ていきましょう。まずは次の図を見てください。

大選挙区制のイメージ

A党	B党	C党	A党	D党
佐藤氏	高橋氏	鈴木氏	山田氏	寺本氏
500票	150票	200票	100票	50票
当選○	当選○	当選○	落選×	落選×

票が分散したから死票は減ったね。

　例えば、有権者数が1000人で、この選挙区から３人当選者を出す大選挙区を考えてみましょう。そうすると、A党の佐藤さんがトップで当選、続くC党の鈴木さんとB党の高橋さんがそれぞれ当選となります。私はまた落選していますね……。どうしようもない候補者です。それはそうと、ここで私の獲得した50票に着目してみ

てください。これらは死票となってしまうわけですが、大選挙区制の下では、死票が相対的に少なくなります。当選者が複数出ることがその理由です。これはメリットですね。また、今回はA党、B党、C党の3党の民意が多元的に国政に反映されます。これもメリットと言えるのではないでしょうか? ただ、これは同時に連立を組まなければ政権を維持できなくなる可能性が出てくることをも意味します。また、A党は同士討ちが起きてしまっています。つまり、A党からは佐藤さんと山田さんが出馬しているわけですが、佐藤さんは当選、山田さんは落選となっているため、同一政党内でいわば「殺し合い」が起こってしまっているわけですね。これはデメリットと言えます。

③　比例代表制

政党中心の選挙制度で、各政党が獲得した得票数に応じて議席を配分する方式です。議席率が得票率に比較的近い値になるので、多様な民意を無駄にしないですみます。言い方を換えると、最も死票が少ないということが言えます。これらがメリット。逆に小党分立となりやすく、連立を組まないと政権が維持できなくなるというデメリットがあります。比例代表制には、大きく候補者名が記載されている投票用紙に、自分の優先順位で番号をつけていく単記移譲式と、政党があらかじめ候補者名簿を提出し、有権者がこの名簿を選択していく名簿式があ

W.バジョットと異なり、J.S.ミルは比例代表制に共鳴し、その導入を唱えたよ。

アイルランドで採用されているんだけど、技術的に容易ではなく、面倒くさいので採用国は少ないよ。

ります。試験で出題されるのは名簿式なので、今回は名簿式だけにフォーカスして説明していきます。

名簿式には、名簿に順位が付されている厳正（絶対）拘束式と、順位が付されていない単純拘束式があります。日本では、厳正（絶対）拘束式を「拘束名簿式」と呼び、単純拘束式を「非拘束名簿式」と呼ぶことが多いため、言い方に慣れておいてください。衆議院選挙では「拘束名簿式」が採用されていて、有権者は政党名を書いて投票します（候補者名は書けません）。一方、参議院選挙では「非拘束名簿式」が採用されていますので、有権者は政党名か候補者名かを書いて投票します。もし候補者名を書いたのであれば、候補者に1票入るだけではなく、政党にも1票

比例代表制（名簿式）

A党（拘束名簿式）

第1順位	○○
第2順位	△△
第3順位	◇◇
第3順位	□□
：	

政党名を記入

A党（非拘束名簿式）

○○	票
△△	票
◇◇	票
□□	票
：	

政党名か候補者名を記入

入ります。そうすると、拘束名簿式だろうが、非拘束名簿式だろうが、投票を終えると、政党の得票数が確定することになります。ここまではいいでしょうか？

　比例代表制は、政党中心の選挙制度であることから、2段階の手続が必要になってきます。1段階目は、政党別の当選者数を決定する手続です。これは「○党の名簿から△人当選させていいですよ」という配分をしてもらう手続です。2段階目は、実際に名簿から当選者を決定する手続です。

① 政党別の当選者数を決定する手続▶

　政党が獲得した得票数にある式を当てはめて当該政党からの当選者数を確定させます。その式を「ドント式」といいます。これは、政党の得票数を整数（1→2→3……）で割り、その商の大きい順に当選者を決定する方式です。ちょっと分かりづらいと思いますので、実際に公務員試験で出題された問題を使って解説しましょう。

ドント式の計算

【問題】　比例代表制の選挙において、A党は6,000票、B党は4,000票、C党は1,800票の得票があった。議席数が12議席である場合、ドント式による各政党の議席配分はどのようになるか。　　　　　　　【特別区 H27改題】

【解法】　次ページの表のように、考えていきます。
　　　　1.まず各政党の得票数を1，2，3……の名簿搭載者数までの整数で割る。
　　　　2.次に割って得られた商の大きい順に⑫番目まで確定させる。
　　　　3.そうするとA党は6人、B党は4人、C党は2人となる。

名簿届出政党	A党	B党	C党
政党の得票数	**6000票**	**4000票**	**1800票**
1	①6000	②4000	⑥1800
2	③3000	④2000	⑫ 900
3	④2000	⑧1333.333…	600
除数 4	⑦1500	⑩1000	450
5	⑨1200	800	360
6	⑩1000	666.666…	300
7	857.142…	571.428…	257.142…
当選者数	6人	4人	2人

【正答】A党：6議席　　B党：4議席　　C党：2議席

　この問題を見ても明らかですが、ドント式は大政党に有利であると批判されることがあります。そのため、各政党の得票数を1，3，5と奇数で割り、商の大きなものから順番に議席を配分する「サン・ラグ（ゲ）式」もあります。これは小政党に有利と言われます。さらに、ちょうどいいのはないのか？という文句に応えるため、各政党の得票数をまず1.4で割り、その後3，5，7と奇数で割る方式である「修正サン・ラグ（ゲ）式」なども出現しました。しかし、日本では衆議院・参議院問わず、ドント式によって行われているということを認識しておきましょう。

② **実際に名簿から当選者を決定する手続▶**

　これは名簿の種類によります。例えば、ドント式に当てはめた結果、「A党からは2人選んでいいよ」という話になったら、拘束名簿の場合はあらかじめ政党が決めておいた第1順位と第2順位の人が当選します。一方、非拘束名簿であれば、名簿に登載された候補者の個人得票数が出てきますので、その個人得票数が多い2人が当選するという形になります。

4 その他の分類

　前述のように、小選挙区制、大選挙区制、比例代表制という3つがメジャーな分け方なのですが、それ以外にも多数代表制、少数代表制、比例代表制などの区分も

ドント式は1882年にベルギーの法学者であるV．ドントが考えた方式だよ。

あります。多数代表制とは、多数派が議席を獲得できるシステムで、小選挙区制と大選挙区完全連記制がこれに該当します。一方、少数代表制とは、少数派もある程度得票数に応じて議席を確保できるシステムで、大選挙区制限連記制や大選挙区単記投票制がこれに該当します。比例代表制はそのままなので特に解説はいらないでしょう。

選挙制度の分類

名称	メリット	デメリット
小選挙区制	・大政党に有利。 ・二大政党制を促進。 ・政権が安定する。 ・ワーキングガバメントを形成しやすい。 ・選挙区が狭いので費用がかからない。 ・顔の見える選挙となる。 ・制度がわかりやすい。 ・争点が明確になる。	・死票が多くなる。 ・ゲリマンダーの危険。 ・多様な民意を反映しにくい。 ・得票率のわずかな差が議席率の大きな差になって表れることになる。
大選挙区制	・少数政党からも当選者が出やすい。 ・比較的民意を反映しやすい。 ・死票が比較的少ない。	・費用がかさむ。 ・同士討ちの危険。 ・当選が偶然に左右される。
比例代表制	・多様な民意を反映(議席率は得票率に比較的近い値になる)。 ・死票が最も少ない。	・小党分立による政権不安定(連立政権になりやすい)。 ・ドント式の手続が煩雑。 ・政党が中心なので、顔の見えない選挙になる(特に拘束名簿式)。

3　我が国の選挙制度

　日本の選挙制度は、衆議院では小選挙区比例代表並立制が
採用されています。これは平成6（1994）年から導入された
もので、その前の衆議院選挙は、大正14（1925）年から平
成5（1993）年に至るまでず～っと、ほぼ一貫して中選挙
区制で実施されてきました。ただ、その唯一の例外が、昭和
21（1946）年の衆議院選挙です。この時だけは大選挙区制限
連記制によって行われました。現在は、定数が465となって
いて、戦後最少人数で運営されています。小選挙区制で289
人、比例代表制で176人が選ばれます。なお、比例代表制は、
全国を11ブロックに分けた拘束名簿式比例代表制で行われま
す。なお、2017年5月の公職選挙法で、一票の格差を是正す

なお、戦後、衆議院
選挙が任期満了に
基づいて行われた
のは1回だけだよ。

衆議院も参議院も、
比例代表制はサブ
だからね。比例代
表制で選ばれる議
員の方が少ないよ。

るため、小選挙区の都道府県別議席配分と比例代表のブロック別議席配分を、国勢
調査の結果に基づいて「アダムズ方式」で計算し直すことが決められました。これ
は、例えば小選挙区であれば、各都道府県の人口を一定の除数（基準値）で割り、
商の小数点を切り上げて議席数を確定させる方式です。切り上げということですか
ら、最低どの都道府県でも最低1議席が割り振られます。運用は早くて2022年から
と言われています。

　次に、参議院選挙では、昭和22（1947）年の第
1回選挙から、全国を1選挙区とする「全国区」（大
選挙区制）と都道府県単位で選挙を行う「地方区」
の混合制が採用されてきました。しかし、その後、
昭和57（1982）年の法改正で旧全国区に替えて拘
束名簿式比例代表制が導入されました。これがさら
に、平成12（2000）年の法改正で非拘束名簿式比例
代表制に改められ、平成13（2001）年の選挙から
導入されています。したがって、現在の参議院選挙
は、都道府県単位の選挙区選挙と非拘束名簿式比例
代表制で行われています。定数は248で都道府県単

大選挙区に近いんだけど、県
によっては一人しか選ばれな
い「1人区」や、2つの県から
一人しか選ばれない「合区」
（鳥取と島根、徳島と高知）も
あるから、あくまでも「近い」
ということで覚えておいて。

2018年7月、参議院の定
数は「6増」された。増える
のは沖縄が日本に帰ってき
た時を除けば初めてだよ。

位の選挙区から148人、比例代表で100人が選ばれます。なお、近年、非拘束名簿式比例代表制の中で、新たに「特定枠」を設けることができるようになりました。この「特定枠」は、非拘束名簿に載っている候補者と切り離して、政党が優先的に当選させたい候補者に順位をつけた名簿をつくります。そうすると、特定枠の候補者は個人名の得票に関係なく、名簿の順に当選が決まることになります。

我が国の現在の選挙制度

衆議院（定数465人）	参議院（定数248人）
小選挙区比例代表並立制 小選挙区（289人） 比例区（176人）	都道府県単位の選挙区（148人） 比例区（100人）
→ 全国を11ブロックに分けた 　 拘束名簿式比例代表制	→ 全国を1つの選挙区とした 　 非拘束名簿式比例代表制

4　選挙制度の話題

1 重複立候補

　これは、衆議院議員の候補者が小選挙区と比例代表の両方に立候補できる制度です。簡単に言うとダブルエントリーです。これにより、小選挙区で落選しても比例代表で復活当選することがあります。ただ、小選挙区で有効投票数の10分の1以上を獲得できなかった候補者は復活当選することができません。こうしてお

供託金没収点というよ。獲得した票が有効投票数の10分の1未満になっちゃうと、預けた供託金が返ってこないんだ。いい加減な選挙戦をした人に対する制裁だね。

かないと、小選挙区の方でいい加減な選挙戦を繰り広げておきながら、名簿順位が上位だからという理由で復活当選できてしまう輩が出てきます。それはまずいですよね。なお、重複立候補者については、拘束名簿順位を同順位にすることができるのですが、その者同士の優劣（例えば、第2順位が3人いるような場合）は、小選挙区での惜敗率（当選者の得票数に対する落選者の得票数の比率）を基にして決することになっています。惜しい負け方をした人を優先的に復活当選させてやろうと

Teramoto's Trivia

「特定枠」の採用によって、参議院選挙が拘束名簿式比例代表制に変わったわけではないよ。

いうわけです。この制度は妥当ですよね。

② 期日前投票

　期日前投票は、投票日に用事（仕事やレジャー）があるため投票に行けない場合に、公示日・告示日の翌日から投票日前日までの間に、通常通り指定場所に出向いて投票することができる仕組みです。要するに、投票日と同様の方式で投票するということですね。なお、不在者投票制度も現存しているので注意しましょう。これは、投票日に仕事や旅行など一定の予定のある人が、選挙人名簿登録地「以外」の市区町村選挙管理委員会等で、投票日の前に投票をすることができる仕組みのことをいいます。ただ、書類のやり取りを郵送で行うため、手続に時間がかかるので注意が必要です。なお、最高裁判所裁判官の国民審査についても期日前投票や不在者投票が認められています。

③ 共通投票所制度

　これは、通常の投票所のほかに、駅前や大型商業施設など、市区町村内の有権者が誰でも投票可能な共通の投票所を設置できる制度です。2016年の公職選挙法改正により、設置が認められるようになりました。

④ マニフェスト

　政権を獲得した際に実施する予定の政策について、具体的に述べた政党の政権公約集をマニフェストといいます。もともとはイギリスがモデルとなっていて、日本も選挙の時にこれを使うことが増えました。なお、マニフェストを利用できるのは、これまで国政選挙（ただし補欠選挙は除く）と首長選挙（都道府県知事選挙、市区町村長選挙）だけに限られていて、地方議会議員選挙では認められてきませんでした。しかし、2017年6月に公職選挙法が一部改正され、都道府県議会議員選挙と特別区を含む市議会議員選挙においても政策ビラの頒布が解禁されることになりました。ただ、マニフェストには法的な拘束力がないので、これが反故にされても法的には文句は言えません。もちろん信頼は失うでしょうけどね。

Teramoto's Trivia
衆議院議員の候補者が必ず重複立候補しなければならないわけではないよ。

5 在外選挙制度

　海外に住んでいる日本人が日本の国政選挙に投票でき

るようにする制度です。3か月以上海外に住んでいる日本人が対象となっていて、2006年までは、衆議院・参議院選挙の比例代表選挙のみ投票が認められていました。

なお、地方選挙では投票できない。地方自治体の議員や長は、そこの住民によって選ばれるべきなので当然だよね。

しかし、在外日本人選挙権剥奪違憲訴訟（最大判平17・9・14）で違憲判決が出たので、2007年から比例代表選挙のみならず選挙区選挙（小選挙区や都道府県単位の選挙区）まで投票可能となりました。投票のためには、まず在外選挙人名簿に登録されなければならないので、登録申請をする必要があります。この在外選挙人名簿への登録の申請自体は、在住期間が3か月経っていなくても行うことができます。

6 ネット選挙運動解禁

　2013年の公職選挙法改正で、国政選挙・地方選挙において、候補者・政党は、ウェブサイト等および電子メールを利用した選挙運動が可能となりました。一方、一般有権者は、ウェブサイト等を利用した選挙運動が可能となっただけで、電子メールを利用した選挙運動は引き続

インターネットで投票ができるようになったわけではないので注意ね。

き禁止されているので注意しましょう。なお、選挙運動期間以前の事前運動や戸別訪問は禁止されたままです。欧米は戸別訪問を許す国が多いのですが、日本はダメなので注意しましょう。

7 その他

　2013年の公職選挙法改正により、成年被後見人の選挙権・被選挙権が認められるようになった点、2015年の同法改正によって、2016年7月の参議院選挙から選挙権年齢が18歳以上に引き下げられた点、これに伴い、選挙運動も解禁された点には、一応注意です。

被選挙権の年齢は引き下げられていないよ。

8 日本の被選挙権

　最後に、日本の被選挙権について表で確認しておいてください。暗記のポイントは地方選挙にあります。地方選挙において、首長選挙（都道府県知事選挙、市区町村長選挙）の場合、住所要件はありませんが、地方議会議員選挙（都道府県議会選挙、市区町村議会議員選挙）には住所要件がある、という点に注意しましょう。

日本の被選挙権

衆議院議員	日本国民で満25歳以上であること。
参議院議員	日本国民で満30歳以上であること。
都道府県知事	日本国民で満30歳以上であること。
都道府県議会議員	日本国民で満25歳以上であること。 その都道府県議会議員の選挙権を持っていること（引き続き3か月以上その都道府県内の同一の市区町村に住所のある者）。
市区町村長	日本国民で満25歳以上であること。
市区町村議会議員	日本国民で満25歳以上であること。 その市区町村議会議員の選挙権を持っていること（引き続き3か月以上その市区町村に住所のある者）。

（総務省HPを参照して作成）

これで社会科学もバッチリだ！

PLAY&TRY

1. 民主主義国家における選挙には、極端に選挙権が制限されていたり、1票の価値に極端な偏りがあったり、選挙運動が妨害されたりしないよう、普通、公平、間接、公開、自由という五つの原則の実現が要求されている。

   【特別区 H22】

2. 小選挙区制は、1票でも多くを獲得した候補者や政党がその選挙区の代表となるため死票が少なく、少数派の意思を尊重できるという長所を持っているが、政党政治を不安定にするという問題点もある。

   【特別区 H22】

3. 中選挙区制では、票の平等を確保するために選挙区の人口の増減に伴って、頻繁な選挙区割り変更が必要になるため、ゲリマンダーリングと呼ばれる計算方式が多く用いられる。

   【特別区 H22】

4. 比例代表制における議席配分方式の一つであるドント式は、各党の得票数を1，2，3といった整数で割り、その商の多い順に議席を配分していくものであり、我が国の衆議院、参議院の比例代表の部分はこの方式を採用している。

   【特別区 H22】

5. 比例代表制における非拘束名簿式では、政党の作成した候補者名簿に当選順位が記載され、獲得議席数に応じて名簿の上位から当選者が決定される方式であり、選挙手続きが簡単だが、有権者は自由に候補者を選ぶことができない。

   【特別区 H22】

1. ×
普通、平等、直接、秘密、自由の誤り。

2. ×
死票が多く、少数派の意思を尊重することができないという短所を持っている。一方、政党政治は安定する。

3. ×
小選挙区制についての記述なので誤り。また、ゲリマンダーは恣意的な選挙区割りを意味し、計算方式ではない。

4. ○
そのとおり。
衆参ともにドント式である点が大切。

5. ×
拘束名簿式に関する説明である。

6

選挙制度

91

6. 現在の参議院議員選挙の比例区では、非拘束名簿方式が採用されており、有権者は政党名でも候補者名でも投票を行うことができるが、各政党の得票数に比例して議席数を配分するため、候補者名での得票が全候補者中最も高かった候補者が結果として落選することもありうる。

【国家一般職H27】

7. 戦後、日本国憲法の下で行われた衆議院議員総選挙は、現行の小選挙区比例代表並立制の導入前は、全て定数3〜5を原則とする中選挙区制によって行われていた。一般に、中選挙区制は、小選挙区制に比べ、大政党に有利であるとされている。

【国家一般職H27】

8. 参議院議員選挙は昭和55（1980）年までは全国区と地方区という区分によって行われていた。このうち全国区は全国を一つの選挙区として50名を選出する大選挙区制によって、また地方区は全国を11の地方に分け、それぞれの地方から5〜9名を選出する選挙区制によって行われていた。

【国家一般職H27】

9. 衆議院議員総選挙の小選挙区比例代表並立制においては、重複立候補制が採用されている。これは、立候補した者は自動的に小選挙区と比例区の両方に立候補したこととされる制度である。比例区では名簿に優先順位を付けることはできず、小選挙区で落選した候補者の中で惜敗率の高い候補者から順に当選することとなる。

【国家一般職H28】

6. ○
そのとおり。
政党の得票数が少なすぎて、ドント式による議席配分がゼロの場合は、当然落選することになる。

7. ×
大政党に有利なのは小選挙区制である。

8. ×
全国を1つの選挙区とする「全国区」（大選挙区制、100名を選出）と都道府県単位で選挙を行う「地方区」の混合制が採用されてきた。地方区は各都道府県を選挙区とするのであって、全国を11の地方に分けるのではない。

9. ×
立候補した者が自動的に重複立候補者と扱われるのではない。また、比例区では名簿に順位がつけられる（拘束名簿式）。

10. 平成25(2013)年、公職選挙法の一部を改正す
る法律が成立し、インターネットを使用した選挙
運動が解禁された。これにより、候補者や有権者
は、ウェブサイト等及び電子メールを利用した選
挙運動ができることとなった。また、成立当初は
インターネットを使用した投票は行うことがで
きなかったが、マイナンバーの運用開始に伴い、
インターネットを使用した投票が解禁された。
【国家一般職H28】

10. ×
有権者は、ウェブサイト等
を利用した選挙運動が解
禁されただけである。ま
た、インターネットによる
投票が解禁されたという
事実はない。

11. 平成27(2015)年、公職選挙法等の一部を改正
する法律が成立し、公職選挙法、地方自治法に規
定する選挙権年齢及び被選挙権年齢について、
20歳以上から18歳以上への引下げの措置が講
じられた。法律上の成年年齢等について整合性
を図るため、同年、民法、少年法の成年年齢等に
ついても18歳に引下げが行われた。
【国家一般職H28】

11. ×
被選挙権年齢は引き下げ
られていない。また、民法
や少年法の成年年齢等に
ついても、同年には引き下
げられなかった。なお、そ
の後の民法改正により成
年年齢については、2022
年4月から18歳に引き下
げられることになってい
る。一方、少年法の成年年
齢はいまだ引き下げられ
ていない(2019年12月現
在)。

12. 我が国の衆議院議員選挙では、小選挙区比例代
表並立制が採用されているが、いわゆる一票の
較差の是正のため、小選挙区の都道府県別議席
配分と比例代表のブロック別議席配分を、国勢
調査の結果に基づいて、「アダムズ方式」によっ
て計算し直すことが決定されている。
【国家一般職H29】

12. ○
そのとおり。
運用は早くて2022年か
ら。

6

選挙制度

難易度 ★★★
頻出度 ★★★

政治意識

政治意識という概念自体は難しいものの、結局は学者とその理論を結びつけられれば OK です。苦手にする受験生は少ないので、皆も得点源にしましょう。

1 政治意識とは

政治意識とは、人々の政治的問題に対するものの見方や考え方を指し、政治的態度や政治的行動を含む包括的な概念です。これは日本独特のものと言われます。そして、社会の成員（構成メンバー）が、その社会で一般的に行われている政治的価値観や態度を習得し、同化していく過程、または世代間で政治文化を継承する過程を「政治的社会化」といいます。社会化というイメージはとても難しいので、とりあえず試験的には、「習得」「同化」「継承」という言葉に反応できるようにしておけば足ります。

政治意識については、いろいろな学者が好き勝手なことを言っていますので、ここでは試験に出てくる人だけを紹介します。

1 G.ウォーラスの「政治における人間性」

G.ウォーラスは、政治を考える際には人間の非合理性を考慮しなければならず、人間心理を研究しないで政治学を語ることは無理だと主張しました。そもそも人間の理性や知性などの合理的側面を重視する考

私は主知主義が嫌いだ！政治は感情！心の問題だ。そこを研究対象にしないとね。

G.ウォーラス

え方を主知主義というのですが、彼はこれを嫌います。つまり、主知主義を批判し、人間の非合理的側面の重要性を説きました。まぁ、確かに人間の感情面こそが政治にとって決定的な役割を果たしている、と言われればそうかもしれませんね。ちな

Teramoto's Trivia

現代政治学の火付け役がウォーラスとベントレーだよ！

みに、この人の弟子は**W. リップマン**です。

② **H.D. ラスウェルの「政治的人間」**

　幼少期にトラウマがあり、周囲から低く評価されていた人間が「権力追求者」に
なりやすい、と主張したのが**H.D. ラスウェル**でしたね。フロイトの精神分析の方
法を導入して、3段階論を提唱しました。

　p} d} r=P（政治的人間の公式）は、私的動機（p）を公の目標に転位（d）し、
公共の利益の名の下に合理化（r）するというプロセスをたどると政治的人間（P）
が出来上がるってやつでしたよね。一応、リマインドです。

③ **H.J. アイゼンクの「パーソナリティモデル」**

　H.J. アイゼンクの政治意識論は、イギリスの労働者階級や中産階級をサンプルに
して分析を行いました。まず、縦軸に「硬い心性−柔らかい心性」を、横軸に「急
進的・革新的−保守的」をとり、座標軸を作りました。その上で、ファシスト・保
守主義・自由主義・社会主義・共産主義の位置づけを示しました。ちょうど、次の
ような感じになります。

アイゼンクの政治意識論

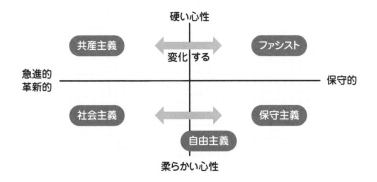

これをもとに、人格的特性、つまり性格は、いったん形成された以上、そう簡単には変化しないとしました。つまり縦軸の移動は生じにくいということです。ですが、イデオロギーや政治的意見といったもの、つまり政治的なスタンスは比較的容易に変化すると分析しました。確かに、性格はそうそう簡単には変化しませんね。でも、政治的なスタンスは時と場合によって容易に変わります。例えば、今の若者は雇用に力を入れてくれる政党を支持するはずですが、10年後の子育て期に突入すれば子育てに力を入れてくれる政党を支持しますものね……。というわけで、縦軸の移動は生じにくく、横軸の移動は生じやすいと主張しました。そうすると例えば、共産主義が社会主義に変化することは困難ということになります。一方、共産主義がファシストに変化することは容易であるという結論になります。試験は共産主義からの移動パターンを聞いてくるので、今の例が分かればOKです。

4　E.フロムの「権威主義的性格」

　E.フロムは、「集団の成員の大部分が持っている性格構造の中核で、その集団に共通の基本的経験と生活様式の結果発達したもの」を「社会的性格」と名づけました。難しく考えずに、集団のメンバーが共通して

当時のドイツ国民が自由から逃走したのは、権威主義的性格が蔓延していたからだ！マゾとサドね。

E.フロム

持っている認識を社会的性格と呼んだと思っておきましょう。きわめてアバウトに言うと、予備校のクラスなどで例えるなら「公務員になりたい」と思う受講生の性格が社会的性格です。フロムは著書『自由からの逃走』で、なぜ当時のドイツ下層中産階級がワイマール憲法下の自由を捨て、ファシズムに走ったのかを分析しました。それは、ドイツ国民の「権威主義的性格」にあると説明したのです。つまり、ドイツ国民は、権威を笠に着て弱いものを攻撃・支配しようとするサド的側面（加虐的側面）と、権威に屈し従属することに快感を覚えるマゾ的側面（自虐的側面）を併せ持っていて、ワイマール憲法下のあまりに理想主義的な自由に嫌気がさし、ヒトラーの失業対策など、ある意味現実的な考えに従うようになったのだと言います。ただ、フロムの研究は、精神分析手法により一定の社会的性格を見出しただけであり、ガッツリと実証的な心理学の手法により見出したものではありませんでした。

　一方、T.W.アドルノは、フロムの研究をさらに深め、心理学的に権威主義的性

格を分析するために、「Ｆ尺度」という一定の質問項目を設けて調査を行いました。その結果、ドイツでは子ども時代の学校や家庭でのしつけが厳しすぎるから、権威主義的性格が生み出されてしまうと指摘しました。彼は、ナチスの迫害を恐れて亡命したアメリカで社会的性格の研究を行った人物です。そして、著書『権威主義的パーソナリティ』の中で、表向きは民主的に見えるアメリカでも、権威主義的な性格が広く浸透していること指摘しました。

5 R. パットナムの「人間関係資本（社会関係資本）」

　R.パットナムは、イタリアの南北格差を研究した人物です。北部では政府が上手く機能しているのに、なぜ南部は上手く機能していないのだろうか……と。その中で、北部では古くから商工業の発展に伴い水平的な横の人間関係が強く、南部は親分‐子分という垂直的な縦の人間関係が強い、という事実を発見しました。つまり、北部はフラットな人間関係が築かれているので、民主主義的な意思決定が行われやすい。だから政府が機能する、ということを指摘しました。これを「人間関係資本（社会関係資本）」と呼びます。

6 R.F. イングルハートの「脱物質主義的価値観」

　R.F.イングルハートは、1960年代以降のアメリカでは、豊かな環境で育った世代が物質的な欲望をあまり感じることなく、むしろ「言論の自由」や「政治参加」「環境保護」などの抽象的な価値観に関心を寄せるようになってきたと主張しました。確かに、言われてみれば我々の世代は物欲がありませんよね……。そして、脱工業化が早くから進んだ国ほど、また、若い世代ほど、「脱物質主義的価値観」を持つ者の比率が高くなると指摘しました。彼はこれを「静かなる革命」と呼んでいます。これにより価値観の多様化がもたらされ、結果的に政党支持が分散するというわけです。

7 R.J. ダルトンの「ニューポリティクス」

　さらに20世紀から21世紀にかけては、イングルハートの議論はあたり前のものとされ、若い世代はさらに「生きがいのある人生」や「やりがいのある仕事」「美しい自然」など、さらに進んだ価値観を持つようになっていると主張したのが、R.J.ダ

ルトンです。ちょうど皆さんの世代だと思いますので、なんとなく共感できるところがあるのではないでしょうか？ 簡単に言うと、超脱物質主義が今の若い人の価値観だ、というわけですね。そして、このような進んだ価値観に基づく新しい政治行動を「ニューポリティクス」と呼びました。

8 政党支持の幅

　三宅一郎は、多党制の日本では有権者の政党支持は固まっていないので、簡単に支持を変えることがあると指摘しました。つまり、日本人の政党支持は１つの政党に対する固定的なものではなくて、複数の政党を選択する可能性を残していることを指摘したわけです。これを「政党支持の幅」仮説といいます。「ここの政党がいい」などという明確な政党支持はなく、「ここかここだな」といった含みを持たせた政党支持ならあるよ、という感じです。日本人はみんなこんなものなのでしょうかね（笑）。

9 積極的無党派層

　田中愛治は、1990年代の日本の無党派層を、はなから政治に関心のない①「政治的無関心層（消極的無党派層）」、政治的関心は高いのだけれども政党支持を持たない②「政党拒否層」、もともと有していた政党支持を失った③「脱政党層」の３種類に分類しました。そして、②・③を合わせて「積極的無党派層」といいます。その上で、構成比に関して「積極的無党派層」が多いとしています。

10 猪口孝の「政治的波乗り」

　猪口孝は、日本の経済状況と選挙結果の相関関係を分析した人です。彼によると、日本は経済状況（景気）がよいときに、与党が衆議院を解散して議席を伸ばそうとする政治的波乗りが見られるといいます。自分たちに都合のよい局面に解散するというもので、「波乗りジョニー」の桑田佳祐の人と覚えましょう。

Teramoto's Trivia

田中愛治は早稲田大学の総長だよ。

2 　政治文化とは

　政治文化とは、社会の成員に共通して見られる政治的な価値観のことをいいます。政治意識があくまでも個人レベルの問題なのに対して、政治文化は国民全体の性格を意味するので、よりマクロ的な視点で政治意識を見ていくものだと思ってください。ここでは、「政治システム」というものを使って政治を比較研究した学者を説明しようと思います。まず、政治システム論とは何ぞや？　ということから始めましょう。

1 　D.イーストンの「政治システム論」

　D.イーストンは、著書『政治分析の基礎』などで政治学に行動科学の視点を導入した人物です。政治学を科学的に分析したとでも思っておけばOKですが、彼が提唱した「政治システム論」は、政治学に大きな変革をもたらしたと言われています。

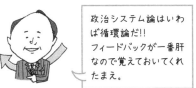

政治システム論はいわば循環論だ!! フィードバックが一番肝なので覚えておいてくれたまえ。

D. イーストン

　イーストンは、政治を「社会に対する諸価値の権威的配分」と定義し、政治システムがその中心的役割を果たすと言います。システムというのは体系ということなので、政治体系、すなわち政策決定機構の役割が大きいということですね。仕組みは次のようになります。

これを行動論革命などと呼ぶよ。

政治システムは、政治的共同体、政治体制、政府の3層構造で成り立っているらしい。政府だけじゃないんだね。

D. イーストンの政治システム論

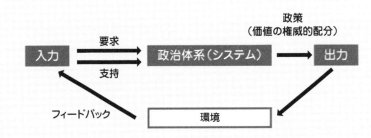

まず、何らかの要求や支持が政治システムに入力（インプット）されます。そうするとこれが政治システムで変換され、政策という形で出力（アウトプット）されます。この政策は環境（社会）に適用され、フィードバック・ループを通じて要求や支持という形で再び入力に生かされます。彼は入力と出力のバランスを保つことで政治システムを安定化できると言います。ただ、政治家たちは有権者が要求する水準の政策を実現しようと頑張るわけですが、それを実現しさえすれば十分に支持が集まるという事実を知ることになります。それゆえ、それを超える水準の政策をなかなか実現しようとしないと批判されます。つまり、保守的な感じになってしまうのではないか？ という批判が加えられています。

なお、K.ドイッチュは、著書『政府の神経系』で、政治システムを情報の流れによって支えられているコミュニケーション・ネットワークとして捉え、不断のフィードバックによって自己修正・自己制御するシステムであるとしました。これを「サイバネティクス・モデル」といいます。彼によれば、フィードバックには、プラスとマイナスの2種類があって、プラスのものは、次の入力を増大させるものなので望ましくなく、むしろマイナスのものこそ、次の入力への負担を軽くするものであるから望ましいとしました。

サイバネティクスを提唱したのはN.ウィーナーなんだ。それを政治システム論に応用したのがドイッチュだよ。

❷ G.A.アーモンドとS.ヴァーバの比較政治研究

前述のような政治システムを比較政治研究に使ったのが、**G.A.アーモンド**と**S.ヴァーバ**です。彼らは、著書『現代市民の政治文化』で、5か国（アメリカ、イギリス、旧西ドイツ、イタリア、メキシコ）の政治文化の比較研究を行い、①政治システム、②入力、③出力、④政治的行為者としての自己（政治システムの一員としての積極性）、という4対象につき、どのような傾向を示すかで3つの文化類型に分けました。次の図で確認してもらいたいのですが、一応、傾向は積極的（○）か消極的（×）かで表すことにします。ただ、3つの類型はあくまでも理念型なので、現実にはこれらが混在するケースもあります。

比較政治文化研究

類型	① 政治システム	② 入力	③ 出力	④ 政治的行為者 としての自己
未分化型 （前近代的）	×	×	×	×
臣民型 （受動的、 権威主義的）	○	×	○	×
参加型 （民主主義的）	○	○	○	○

　未分化型は、完全に国民が政治に無関心な状態なので、全部×です。逆に、参加型は国民が政治に関心を持ち、積極的に政治参加をしていこうという機運が高いため全部○になります。そうすると試験のポイントは臣民型ですね。これは、国民が権威に対して受動的というイメージを持つといいでしょう。それゆえ、出力には関心を持つけれど、入力するところまでに関心を持つには至りません。また、政治システムの一員としての自覚に欠けることになります。ですから、○×○×となります。

　一応、5つの国の内訳は、未分化型がメキシコ、臣民型が旧西ドイツとイタリア、参加型がアメリカとイギリスとされます。

　なお、アーモンドは、民主主義の安定に適合的な政治文化は、参加型に近いものの、人々がリーダーに対して信頼感や恭順性を持っている文化だとし、これを特に「市民文化」としました。イギリスやアメリカがこれに近いと言っています。

> イギリスは恭順型の市民文化でアメリカは参加型の市民文化とも言われている。

PLAY&TRY

1. 政治意識とは、我が国の政治学における独特の概念で、人々が政治一般や特定の政治問題に対して持つものの見方、考え方をいい、これには政治的態度を含むが、政治的行動は含まれない。
【特別区H23】

2. 政治的社会化とは、社会の成員が、その社会で一般的に行われている政治的価値観や態度を習得し、同化していく過程、あるいは世代間で政治文化を継承する過程である。
【特別区H23】

3. ベントレーは、「政治における人間性」を著し、主知主義的人間観を批判し、人間の非合理的要素を含めて政治を分析すべきだとして、政治研究に心理学的アプローチを導入した。
【特別区H29】

4. E.フロムは、精神分析的なアプローチに基づく「社会的性格」概念を用いて第二次世界大戦前のドイツにおいて全体主義的体制が生まれた背景を考察し、当時の下層中産階級に典型的に見られたサド・マゾヒズム的な衝動を持つ「権威主義的性格」が、こうした体制に対する支持の基底にあると論じた。
【国家一般職H26】

5. アドルノは、「自由からの逃走」を著し、精神分析的手法を応用してドイツ社会を観察し、ナチズムの心理的基盤として、ドイツ人の社会的性格が権威主義的性格とみなせるとした。
【特別区H29】

1. ×
政治的行動も含まれる。

2. ○
そのとおり。
意外と覚えづらいのでキーワードを意識しよう。

3. ×
ウォーラスの誤り。

4. ○
そのとおり。
フロムは社会学でも出てくるので大切！

5. ×
フロムの誤り。

6. T.アドルノは、ナチスの全体主義運動がドイツ
に登場した要因を明らかにするために、心理学
的に権威主義的性格を測定する複数の質問項目
を設けた調査を行った。その結果、彼は、学校や
家庭での厳しいしつけと権威主義的性格の形成
には関連性はなく、ある特定の政治文化の中に
育った人でなくても、ある一定の環境に置かれ
ると権威に服従して非人道的な行為を行う可能
性があることを示した。
【国税専門官H29】

7. アイゼンクは、政治的事柄についての態度を、統
計的手法を用いて分析し、保守的か急進的かの
イデオロギーの軸と、硬い心と柔らかい心を分
けるパーソナリティの軸という2つの主要な軸
を抽出した。
【特別区H29】

8. R.イングルハートは、1980年代以降の情報通信
産業の発達を中心とした社会・経済的な構造の
変化を背景に、豊かな先進国の人々の間では身
体的な安全や物質的な豊かさから自由や自己実
現へといった価値観の変化が生じたとし、後者
のような「脱物質主義的価値観」を持つ人々の政
治行動が「ニューポリティクス」と呼ばれる政治
のスタイルをもたらしたと論じた。
【国家一般職H26】

6. ×
学校や家庭での厳しいし
つけが権威主義的性格の
形成に関連性を有すると
した。

7. ○
そのとおり。
縦がパーソナリティの軸
で、横がイデオロギーの軸
である。

8. ×
1960年代以降の誤り。ま
た、「ニューポリティクス」
はダルトンの提唱した概
念である。

政治意識

9. R.イングルハートは、物質主義的価値観と脱物質主義的価値観を表す指標を用いて、国際比較世論調査を行った結果、脱工業化が早くから進んだ国ほど、また若い世代ほど、脱物質主義的価値観を持ち、古い世代ほど物質主義的価値観を持つ者の比率が高くなることを発見した。彼は、1960年代後半から1970年代に先進国で多くの中上流階級の若者が学生運動に走ったことについて、脱物質主義的価値観の影響によるものであったことを提示した。

【国税専門官 H29】

9. ○
そのとおり。
静かなる革命の話である。

10. R.パットナムは、イタリア南部は垂直的な縦社会の人間関係が強く、そこでは親分－子分関係が顕著に表れ、北部では水平的な人間関係が強いことを指摘した。その上で、民主主義的な意思決定がうまく機能するのは、イタリア南部であることを実証的に示した。

【国税専門官 H25】

10. ×
民主主義な意思決定がうまく機能するのは、北部である。

11. イーストンは、政治システムとは、要求及び支持として環境から入力されたものを社会に対する諸価値の権威的配分を図る政策に変換し環境に出力するものであり、その出力はフィードバック・ループを通じて新たな要求及び支持として再び政治システムに入力されるとした。

【特別区 H25】

11. ○
そのとおり。
循環論である点がポイント。

12. イーストンは、政治システムを、政策決定の諸結果よりも多様な情報の流れに支えられるコミュニケーション・ネットワークであるとし、サイバネティクスの考えに基づいてフィードバックを正のフィードバックと負のフィードバックとに分類した。

【特別区H25】

12. ×
ドイッチュの誤り。

13. G.アーモンドとS.ヴァーバは、五ヵ国（米国、英国、旧西ドイツ、イタリア、メキシコ）の比較世論調査を実施し、各国の政治文化を、未分化型政治文化、臣民型政治文化、参加型政治文化の三つの類型に分類した。その上で、米国と英国の政治文化がデモクラシーに適合的であるとした。

【国税専門官H25】

13. ○
そのとおり。
一応、臣民型をしっかりと
覚えよう。

7

政治意識

投票行動と政治的無関心

難易度 ★★★

頻出度 ★★★

投票行動と政治的無関心は大切でありながら短くわかりやすいので、とてもおいしいテーマです。出題のバリエーションも少ないので、確実に１点ゲットしましょう。

1 投票行動の分析

1 コロンビア学派とミシガン学派

　有権者は何を基準に、どのようなことを考えて投票に参加するのでしょうか？ それを明らかにしたのが投票行動の分析です。ここにはアメリカの２つの学派がそれぞれ違った考えを述べています。そこでまずは、これらを簡単に説明します。

① **コロンビア学派（コロンビア大学のグループ）** ▶

　P.F.ラザースフェルド、B.ベレルソンは、1940年大統領選挙の際に、オハイオ州エリー郡で「エリー調査」という投票行動に関する調査を行いました。これは、同じ対象者に繰り返し調査を実施する「パネル調査法」という手法で行われ、600人を対象に１か月ごとに７回行ったといいます。

ラザースフェルドは社会学者、ベレルソンは心理学者で共に政治学者ではないんだ。

この時彼らは、社会経済的地位、宗教、居住地域の３つの社会的属性に着目して投票行動の研究を行いました。主観を入れず、あくまでも社会学的に分析した点が特徴です（それゆえ社会学モデルと呼ばれる）。そして、社会的属性により形成される政治的態度や過去の経験から作り上げられた政治的態度を「政治的先有傾向」と呼び、これが投票を左右するとしました。例えば、社会経済的地位が高く、プロテスタントで、郊外のリッチな住宅街に住んでいる人は共和党を支持する傾向にあり、逆に、社会経済的地位が低く、カトリックで、都市の中心部に住んでいる人は民主党を支持する傾向があるとしています。

「社会学的」というのは客観的に物事を見るという意味だよ。主観はあまり重視しないんだ。

② ミシガン学派（ミシガン大学のグループ）▶

　一方、A.キャンベルは、社会的属性だけでは有権者の投票行動を適切に捉えることはできないのでは？ と疑問を持ち、1948年のアメリカ大統領選挙の際から全国的なサンプル調査を行い、投票行動を心理学的に分析しました。社会的属性と投票行動との間には何らかの媒介項があるはずだとして、その心理的変数を探りました。その結果、政党帰属意識（有権者の政党支持態度）、候補者イメージ（候補者に対する選好と強度）、争点態度（政策争点）のうちどれかが決定的なものになると指摘しました。特に政党帰属意識が長期的要因として重要だとしています。一方、有権者は合理的な判断ができないので、争点投票は起こりにくいとしています。

順番的には政党帰属意識＞候補者イメージ＞争点態度となるよ。政党帰属意識が長期的要因で、候補者イメージと争点態度は短期的要因と呼ばれるよ。

2 争点投票、業績投票モデル

　試験的にはとりあえずこのコロンビア学派とミシガン学派の投票行動の分析をしっかりと覚えておけば何とかなるでしょう。ただ、応用問題になると、その後の投票行動の分析を問われます。ここでは簡単に説明するにとどめますが、1960年代半ばになると、政党支持を持たない無党派層が若者の間で増えました。これによりミシガン学派の学説に一定の疑問符が付きます。ミシガン学派は争点態度を軽視しすぎなのではないか……という疑問です。そこで、むしろ有権者は争点に着目して投票を決定しているのではないかと主張する人たちが現れます。これを争点投票といいます。さらに、1980年代になると、M.フィオリーナが登場し、有権者は合理性ありと主張します。有権者の投票は、政権党の業績（特に経済業績）に対する評価に左右されるとしました。つまり、有権者は、政権党の「業績」の良し悪しを見て投票していると主張したのです。これを業績投票モデルといいます。業績がよければ政権維持の方向に票が流れるし、逆に悪ければ政権交代の方向に票が流れるというわけですね。

　また、G.H.クレイマーも、政府の経済業績と選挙

N.H.ナイやS.ヴァーバらのことだよ。

ほかにも、有権者が候補者個人の資質を評価したり、後援会などのつながりを重視したりして投票する「個人投票（personal vote）」などもあるよ。アメリカで確認されているほか、日本の55年体制下でよく見られたという。

での政権党の成功との間に一定の関係を見つけています。すなわち、アメリカ国内の経済状況がよくなったときは下院議員選挙で大統領の政党の候補者の得票率が高くなり、逆に経済状況が悪くなったときは大統領の政党の候補者の得票率が下がる関係性を発見しました。そこで、クレイマーも有権者が合理的な判断ができるからこそ、このような相関関係が見て取れるのではないか、と主張しています。

③ 合理的選択論

業績投票モデル以降、有権者の合理性を前提として、有権者は自己の効用を最大化させることを目的に投票するという合理的選択論が主流になります。A.ダウンズが有名ですね。また、**W.ライカー**とP.オーデシュックは、合理的選択論を発展させ、有権者がどのような場合に投票し、どのような場合に棄権するかを公式化しました。それは、次のような感じになります。

近年、合理的選択論は、演繹的（≒論理的）な推論を政治学の世界に適用する研究として有力になっているよ。

合理的選択論

$$R = PB - C + D$$

Reward	投票から得られる総利益
Probability	自分の1票が選挙結果に及ぼす影響力（主観的確率）
Benefit	候補者間の期待効用差（自分の支持する候補者が当選した場合に自分が得られる効用と、支持しない候補者が当選した場合の効用差）
Cost	投票コスト（投票に行くことでかかるコスト）
Duty	義務感、民主主義への価値

これは要するに、R＞0なら投票に行き、R＜0なら棄権するということを示す公式です。この公式では最後のDをプラスする点がポイントだと言われています。つまり、義務感や民主主義への価値をプラスすることでR＞0となることが多いということです。

2 政治的無関心

　政治的態度の1つとして政治的無関心があります。よく若者の投票率の低さがニュースに取り上げられていますが、そもそも日本の投票率は全体的に徐々に下がってきたという歴史的経緯があります。例えば、日本の衆議院選挙における投票率は、1890年の第一回選挙時の93.91%がピークでした。これは制限選挙であったため、有権者数自体が少なかったという事情がありました。その後徐々に減少していますが、それでも戦前は70%〜80%をキープしていたようです。しかし、戦後になると、60%〜70%に落ちはじめ、近時は50%台になっています。地方選挙なんてもっと低いですよね……。投票率は、一般的に女性よりも男性の方が低く、高齢者層よりも若者層の方が低いと言われますね。特に、18歳、19歳などの若い層の投票率が低いですね……。18歳よりも19歳の方が低いのには驚きです。また、農村部よりも都市部の方が低くなる傾向にあります。

　また、日本では、いわゆる無党派層（政党支持なし層）が増加しています。彼らは、その選挙ごとに人を選んでいる感じです。特に日本の場合は政権交代のあった1993年以降のところで増えたと言われます。

　では、ここで政治的無関心について研究した2人の代表的学者を覚えてもらいましょう。

1 H.D.ラスウェルの3類型

　まずは、**H.D.ラスウェル**です。またお前か……と突っ込みを入れてしまいそうになりますが、覚えるのは簡単です。『権力と社会』という本の中で次の3つに分類しました。覚え方は頭文字をとって「無」「脱」「反」です。呪文のごとく唱えて覚えましょう。

H.D.ラスウェル

私は3つに分類したんだ。「無」「脱」「反」と10回唱えれば誰でも覚えられる！頑張れ!!

8

投票行動と政治的無関心

Teramoto's Trivia 　例えば2019年7月の参議院選挙では19歳の投票率は28%くらいで、18歳よりも低いんだ……。どうした19歳!!

ラスウェルの３類型

✓ **無政治的態度（無関心）**
「政治とは無縁だ～」と考えているタイプで、経済・芸術・宗教・趣味などの非政治的価値に没頭し、そもそも政治に対して興味がない類型です。

✓ **脱政治的態度（無関心）**
一度は政治に関心を持ち関与してみたものの、何も変わらない現実に絶望感を抱き、関心を示さなくなった類型です。「政治からの離脱（引退）」と表現されます。いわゆる無党派層はこれに近いと言えるでしょう。

✓ **反政治的態度（無関心）**
政治＝悪という思想・信条から政治そのものを否定するタイプ。無政府主義者（アナーキスト）が典型的な例です。政治そのものに対する嫌悪感や拒絶感から生まれる確信的な類型であると言われます。

２ **D.リースマンの２類型**

次にD.リースマンです。この人は『孤独な群衆』という本を書いた人です。ラスウェルがいう無政治的態度に相当するものを２つに分けた感じです。

リースマンの２類型

✓ **伝統型（的）無関心**
前近代社会に典型的に見られた類型です。政治的な知識や情報を持たないため、「自分は政治とは無縁だ」と考え、無関心になります。現代でも少数ながら存在すると言われます。

✓ **現代型（的）無関心**
政治的な知識や情報を持っていて、かつ政治参加の機会もあるのに、政治に対してドライな態度をとり、参加しようとしない類型です。現代人によく見られると思いますが、情熱や責任感に欠けることから起こると言われます。

3 S.ハンチントンとC.ペイトマン

　アメリカの政治学者S.ハンチントンはちょっと異質です。この人は大衆が過度に政治に参加すると政府の権威が失墜し、政府の統治力が低下する、つまりガバナビリティ（統治可能性）が危機的な状態になっちゃうよ、と主張しました。民主的な政治を円滑に行うためにはある程度の無関心は必要というわけですね。

　一方、C.ペイトマンは、参加民主主義の観点から、政治参加は何も投票だけに限られないと言います。つまり、地域の活動などの直接的な参加が個人の判断力を高め、政治的な有効感をもたらすとしました（参加民主主義理論）。

1. ミシガン学派は、有権者の社会的属性と投票行動を媒介する心理的要因を重視し、有権者の意識と投票行動の関係を明らかにした。

   【特別区 H22】

2. ミシガン学派は、有権者は自己の効用を基準に政党や候補者を合理的に選択するものとして業績投票をモデル化した。

   【特別区 H22】

3. 投票行動に関する社会心理学的モデルを代表するものとしてミシガン・モデルがある。このモデルにおいて投票行動に影響を与える三つの主要な心理学的変数とされるのは、政党帰属意識、争点態度、経済状況に関する認識であるが、このうち政党帰属意識はより長期的に形成される要因、他の二つはより短期的に形成される要因であるとされる。

   【国家一般職 H25】

4. W.ライカーとP.オーデシュックは、投票参加から得られる効用は、「自分の一票が選挙結果に及ぼす影響力」と「二つの政党（あるいは候補者）がそれぞれもたらすと期待される効用の差」を足し合わせ、そこから参加のコストを引いたものであるとし、この値が正であれば、その有権者は投票に参加するとした。

   【国家一般職 H29】

1. ○
そのとおり。
コロンビア学派との区別ができるようにしよう。

2. ×
本肢は、合理的選択論の説明になっている。また、業績投票モデルはフィオリーナが唱えたものである。

3. ×
経済状況ではなく、候補者イメージの誤り。

4. ×
「かけ合わせ」の誤り。また、最後にD（義務感民主主義への価値）を足すのでその点も誤り。

5. リースマンが分類した政治的無関心の類型のうち、伝統型無関心とは、政治的知識や情報を持っているのにもかかわらず、政治に対する冷淡な態度をとっているタイプである。

【特別区 H25】

6. ラスウェルが分類した政治的無関心の類型のうち、無政治的態度とは、無政府主義者などのように、政治が自分の理想や価値観に反していると感じ、政治そのものを軽蔑したり、否定したりする態度である。

【特別区 H25】

7. ラスウェルは、政治的無関心を無政治的態度、脱政治的態度、反政治的態度に3分類し、このうち脱政治的態度とは、経済、芸術など政治以外のものに関心を集中する結果、政治に対する関心が低下するものであるとした。

【特別区 H29】

8. S.ハンチントンは、民主的な政治制度が効果的に作用するため必要とされているのは、社会を構成する個々人の積極的な関与であるため、個人や集団において無関心が存在することは許されないとした。

【国税専門官 H17改題】

9. ペイトマンは、先進諸国では経済的、身体的安全を求める物質主義的価値観から、帰属、評価、自己実現への欲求を重視する脱物質主義的価値観への意識の変化が認められるとした。

【特別区 H29】

5. ×
現代型無関心の誤り。

6. ×
反政治的態度の誤り。

7. ×
無政治的態度の誤り。

8. ×
ある程度の無関心は必要であるとした。

9. ×
ペイトマンではなく、イングルハートの誤り。ペイトマンは参加民主主義の人。

難易度 ★ ★ ★

頻出度 ★ ★ ★

マス・メディア

マス・メディアは身近なテーマで理解しやすいかもしれません。数年に1度出題されるので手を抜かないようにしましょう。社会学でも出題されます。

1 マス・メディアとは

　テレビやラジオ、新聞など不特定多数の受け手にメッセージを伝達する手段をマス・メディアといいます。そして、これらを通じて行われる情報の伝達プロセスをマス・コミュニケーションといいます。マス・メディア論は、社会学でも出題されるテーマなので、コスパはとてもいいと思います。今回は一般的に政治学で出題されているところを中心に勉強していきます。

◀ 第四の権力

　一般的にマス・メディアの世論形成に及ぼす影響力は、立法・行政・司法に並ぶほど大きなものだと言われます。このことから「第四の権力」などと呼ばれることがあります。そこで、このマス・メディアの影響力を何とか統制・監視するシステムを設けようと、「プレス・オンブズマン」や「反論権・アクセス権」による制度が議論されていま

報道に対する苦情を受け付ける人のことだよ。スウェーデンの報道倫理制度が有名だね。日本では、苦情受付は広報室などで行うことが多い。

す。でも、表現の自由、特に報道の自由との兼ね合いから、法制度化するに至っていませんね。マス・メディアは本来、客観性や中立性、公正性などを目指すべきですが、その報道価値（ニュースバリュー）がジャーナリストたちの内輪で決められていると言われていてなかなか難しいようです。そして、マス・メディアは私企業であるため、視聴率獲得のために「大衆をあっと言わせたもん勝ちだ」というようなセンセーショナリズムやコマーシャリズム（商業主義）に陥りがちです。

② アナウンスメント効果

アナウンスメント効果とは、マス・メディアの報道が選挙時において、有権者の投票行動に与える効果をいいます。アナウンス効果ということもありますね。これには次の2つがあります。

① バンドワゴン効果（勝ち馬効果）▶

これは有権者が勝ち馬に乗ろうとする効果です。例えば、マスコミによる選挙情報レポートで「X候補が有利です」と報道されたら、X候補の獲得票が増加するような場合で、アメリカでよく見られるといいます。これは有権者が自分の投じた票が死票になることを恐れて起こると言われます。

② アンダードッグ効果（負け犬効果）▶

これはマス・メディアの報道が候補者の同情票を呼び込む効果です。例えば、マスコミによる選挙情報レポートで「Y候補者が不利です」と報道されたら、Y候補の獲得票が増加するような場合です。判官びいき効果とも言われ、日本に多く見られるようです。

2 マス・メディアの機能論

マス・メディアの機能については、有名なものとして、顕在的機能と潜在的機能があります。顕在的機能とは、みんなに認知された機能です。「それ、知ってるよ」とみんなが思える機能だ、と思ってください。一方、潜在的機能とは、みんなが必ずしも認知していない機能です。「知らないだろうけど、実はこんな機能があるんだよ」というわけですね。

① 顕在的機能（H.D.ラスウェル）

H.D.ラスウェルは、顕在的機能として次の3つを挙げました。

選挙戦最終日にウグイス嬢が「まだまだ足りません！」とか言ってるのも、アンダードッグ効果を狙っている証拠だ！

9

マス・メディア

115

ラスウェルの顕在的機能

① 「環境監視」機能

政治報道などのように社会の状況や変化を伝える機能。

② 「社会諸部分の相互の関連付け（相互作用）」機能

評論番組や新聞の社説などのように社会的課題についての公共的な言論によって、社会を互いに結びつける機能。

③ 「社会的遺産の世代間伝達」機能

原爆や終戦日における戦争報道、大震災の記録などのように社会の出来事を次世代に伝えていく機能。政治的社会化を促す機能と言ってもいい。

なお、C. ライトは、このラスウェルの3機能に、第4の機能を付け加えました。それは「娯楽提供」機能です。これはラスウェルではないんだ、ということを意識してくださいね。ひっかけに使われます。

② 潜在的機能（P.F. ラザースフェルド、R. マートン）

P.F. ラザースフェルドとR. マートンは、潜在的機能として次の3つを挙げました。

ラザースフェルドとマートンの潜在的機能

① 「地位付与」機能

いわゆる箔付け機能といってもいい。マス・メディアが個人や集団などの社会的な地位を決めてしまう機能。

② 「社会的規範の強制」機能

マス・メディアが社会問題を取り上げ、それを批判すると、人々はそれを社会的規範だと認識してしまう機能。

③ 「麻酔的」逆機能

マス・メディアが大量の情報を一方的に流すことで、人々の認知機能を麻痺させてしまうという機能。大衆は、受け取るべき情報が多すぎると、それを適切に処理しきれないので、逆に政治的無関心に陥る危険性がある（社会に対して関心を持たなくなるということ）。

　マス・メディアの影響が実際大きいのか、小さいのか。これをかんかんがくがく議論するのがこの効果論です。強力効果論、限定効果論、新強力効果論に分けて説明します。

１　強力効果論

① 弾丸理論（皮下注射モデル）▶

　これは、この議論が始まったばかりの頃に出てきた効果論です。ファシズムが台頭してきたころに、マス・メディアによる政治的な宣伝活動が利用され、一般大衆を動員した経緯から、強力な効果があると言われました。「弾丸」や「皮下注射」などなかなかコミカルですが、いかにも即効性があって、強力効果という感じですよね。特に学者を覚える必要はないので（次のリップマンがこれにあたると言われる）、言葉だけ押さえておきましょう。

② ステレオタイプ（W. リップマン）▶

　「ステレオタイプ」は**W. リップマン**が著書『世論』の中で使った言葉です。まず彼は「新聞は民主政治のバイブルだ」としました。そして、大衆社会では、人々は現実の環境ではなく、マス・メディアが作り上

W. リップマン

疑似環境に人々は反応している！ステレオタイプが世論に大きな影響を与えるんだ。

げた生の事実っぽく見える「疑似環境」に反応しているとしました。この疑似環境とは、マス・メディアが様々な情報から取捨選択してつくり上げた環境であって、生の事実ではないのです。それをあたかも生の事実のように大衆は感じてしまい、それをもとに世論を形成するわけです。そして、この疑似環境はステレオタイプ化されているので、結局マス・メディアの使うステレオタイプが世論に与える影響は絶大だ、という流れになります。これも強力効果論に含めていいと思います。

② 限定効果論

① 「コミュニケーションの２段階の流れ」仮説（P.F.ラザースフェルド）▶

コロンビア学派の**P.F.ラザースフェルド**は1940年代のアメリカ大統領選挙「エリー調査」に基づいて「コミュニケーションの２段階の流れ」仮説なるものを提唱しました。これは簡単に言うと、「マス・メ

『ピープルズ・チョイス』という著書の中で書かれているよ。

ディアの直接的な効果は大したことないんじゃないの？」という仮説です。エリー調査と言えば、８章の投票行動のところで一度勉強しましたが、今回再登場です。マス・メディアの効果についても有力な仮説を生み出していたわけですね。ラザースフェルドは、大衆各人が所属する小さなコミュニティ（家族や地域、職場など）には、情報通のおばちゃん的存在である「オピニオン・リーダー」がいて、そのオピニオン・リーダーが伝達する情報の影響力が極めて大きいことを発見しました。つまり、マス・メディアからの直接の情報よりも、オピニオン・リーダーから伝わる情報の方が影響力があるいうことを発見したのです。情報伝達過程がマス・メディア→オピニオン・リーダー→大衆という２段階にわたることから、これを「コミュニケーションの２段階の流れ」仮説といいます。オピニオン・リーダーがマス・メディアと大衆をつなぐ媒介項となるわけです。ちなみに、オピニオン・リーダーはマス・メディア側の人間ではないため、テレビのコメンテーターなどはこれにあたらないので注意しましょう。

コミュニケーションの２段階の流れ

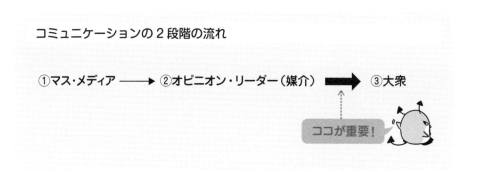

①マス・メディア ── ②オピニオン・リーダー（媒介） ➡ ③大衆

ココが重要！

なお、エリー調査により、有権者は社会的属性（社会的経済的地位、宗教、居住地域の３つ）に従って投票するため、マス・メディアを通しての選挙キャンペーン

の影響を受けて投票意図を変える有権者は少ないとしました。これは、投票行動の
ところで、コロンビア学派の考え方として説明しましたね。

②「クラッパーの一般化」(J.T. クラッパー)▶

　J.T. クラッパーも限定効果論の人です。この人は、著書『マス・コミュニケーショ
ンの効果』で、マス・メディアの主な効果を受け手の先有傾向を補強するにとどま
り、決定的な作用を受け手にもたらさない、という一般化を行いました。ちょっと前
提をお話ししていないのでよくわからないかもしれませんが、彼は、マス・メディ
アの効果には、創造・改変・補強（強める）・減殺（弱める）・無効果の５つがある
とし、創造や改変の効果はほとんどないよ、と指摘したわけです。せいぜい補強す
るだけだよね、と。具体的には、もともと嫌いな人がテレビに出ているのを見て、
余計嫌いになるという補強効果があるということです。改変というのはその人のこ
とを好きになるということですが、それはあまり起こらないということですね。

３　新強力効果論

　1960年代半ば以降、マス・メディアの媒体が新聞やラジオなどからテレビに代
わっていきます。このテレビの普及により、マス・メディアの影響が再検討される
に至りました。これが新強力効果論と呼ばれるものです。

①「議題設定機能」仮説(M. マコームズ、D. ショー)▶

　M. マコームズとD. ショーは、選挙期間中に政党や候補者が設定した争点よりも、
マス・メディアの取捨選択した争点の方が重要であると感じさせる機能のことを「議
題設定機能」としました。アジェンダ・セッティング機能ともいいますね。何を問
題として何について考えるべきかに影響を与えるわけです。政党がいかに地方創生
を争点にしても、マス・メディアが「年金が減るのはけしからん！　年金問題の解決
待ったなし！」などと報道すると、そちらが選挙の争点になってしまうということ
ですね。マス・メディアが強大なのか、政党が情けないのか……その辺はよくわか
りませんね……。

9

マス・メディア

②「沈黙の螺旋」仮説(E. ノエル＝ノイマン)▶

　人々は、マス・メディアの流れと逆の意見は発表しづらくなるものです。なぜなら、自分だけ孤立するのを避けようとするからです。また、マス・メディアが述べた意見は、あたかも多数派の意見であるように受け取られてしまいますからです。そうすると、人々は自分の意見がマス・メディアと同じもの（つまり多数派のもの）なら、胸を張って他人に表明する一方、少数派の意見はどんどんと主張しづらくなり、沈黙へと押しやられてしまいます。つまるところ、サイレント・マイノリティになってしまうということです。**E. ノエル＝ノイマン**はこれを「沈黙の螺旋」と呼びました。

マイノリティーは沈黙の螺旋階段を下るように意見を表明しづらくなる!

E. ノエル＝ノイマン

③「培養」仮説(G.ガーブナー)▶

　G.ガーブナーは、マス・メディアが社会で支配的な社会像を作りだす「培養基」としての役割を果たすとしました。マス・メディアがある意味虚偽意識を作り出してしまい、それが社会で当たり前と認知されるという機能です。例えば、マス・メディアによる培養効果として、暴力や犯罪が多く描かれているテレビ放送に長く接していると、現実もそうしたものであると思い込みやすく、結果として不安傾向や他者への不信感が強まると言います。

④ プライミング効果とフレーミング効果(S.アイエンガー)▶

　S.アイエンガーは、「プライミング効果」と「フレーミング効果」の２つを分析した人物です。まず、プライミング効果とは、マス・メディアによって、特定の争点がガンガン報道され強調されると、その争点が、有権者の政治指導者を評価する際の基準としても比重を増してくるという効果です。これは例えば、日本で大災害が発生したとして、それをマス・メディアがガンガン報道すると、有権者は災害対策に力を入れている政党の政治的指導者を評価するようになるような場合をいいます。一方、フレーミング効果とは、マス・メディアが報道する際に用いた枠組み（フレーム）が、人々の認識を大きく左右するという効果です。

Teramoto's Trivia

ノイマンはドイツの女性政治学者！

4 　その他

　最後に、その他試験で出題される学者を一気に紹介します。ここでは３人紹介しようと思うのですが、国家公務員試験を受験する人だけ目を通す感じでも構いません。

① ノリスの批判（P.ノリス）▶

　ノリスは、1990年代の先進的な民主主義国を分析し、そこから、テレビの視聴時間が長いと政治的信頼が低下するという因果関係は見られないと主張しました。その上で、マス・メディアの報道が政治不信を助長するとの考えを批判しました。なかなか面白い主張なので覚えやすいのではないでしょうか。

② 「政治的シニシズムの増幅」仮説（K.H.ジェイミソン）▶

　K.H.ジェイミソンは、政治全体をネガティブなトーンで扱う報道が、政治家たちが自己の利益や生き残りばかりを気にして行動しているというマイナスなイメージを有権者に与え、結果的に政治的シニシズムを増幅させるという仮説を提唱しました。マス・メディアが政治家の意地汚いところばかりを報道するから、結果的に冷笑を買う……というのはどこか合っているような感じがしますね。本当は頑張っている政治家もいるのに……です。

③ インターネットの影響（D.カルドン）▶

　フランスの社会学者であるD.カルドンによれば、インターネットの出現が現代社会に与えた影響は、２つあると言います。具体的には、①公に意見表明することができる者をジャーナリストなどのメディア側の人のみではなく社会全体に広げた面と、②私的空間の一部を公共空間に転用する面、の２つです。ブログやTwitter、YouTubeなどいろいろなコンテンツが充実してきていることからも「あ〜、納得」となるのでは？　私もこれらすべてを使っているので、カルドンの主張には一定の理解を示しています。

9

マス・メディア

1. P. ラザースフェルドらは、エリー調査を始めとする一連の調査からマスメディアの世論への影響を分析し、ラジオ番組のキャスターやニュース解説者のようなオピニオンリーダーの発言が世論に大きな影響を与えることを明らかにした。
【国家一般職 H28】

1. ×
オピニオン・リーダーは、地域の中でマス・メディアの情報に精通している人のことをいう。

2. P. ラザースフェルドらは、一般の人々はマス・メディアから直接情報を摂取するよりもオピニオン・リーダーを介して情報を得るが、実際はマス・メディアを通しての選挙キャンペーンの影響を受けて多くの有権者が投票意図を変えるという仮説を導いた。
【国税専門官 H24改題】

2. ×
マス・メディアの影響を受けて投票意図を変えることは少ない。

3. ノイマンは、人々は自分の意見が多数派のものなら自分の意見を積極的に表明するが、少数派の意見だと思うと沈黙してしまい、多数意見か少数意見かの判断にマス・メディアが大きな影響を及ぼしているとした。
【特別区 H28】

3. ○
そのとおり。
沈黙の螺旋についての説明である。

4. マコームズとショーは、マス・メディアは人々に対して、何を問題として何について考えるべきかには影響を与えないが、どのように考えるかには大きな影響を与え、人々の態度を直接的に変えるとした。
【特別区 H28】

4. ×
何を問題として何について考えるべきかに影響を与える。これが議題設定機能仮説である。

5. クラッパーは、マス・メディアの威力は強大であり、あらゆる受け手に対して即時的な効果をもたらし、受け手の既存の態度を強化する方向で働くよりも、受け手の態度を改変させることになるとした。

【特別区 H28】

6. ガーブナーは、プライミング効果を提起し、マス・メディアの報道によって、ある争点が有権者に重視されるようになると、その争点は有権者が政治指導者や政権を評価する際の基準としても比重を増してくるとした。

【特別区 H28】

7. アイエンガーは、マス・メディアによる培養効果として、暴力や犯罪が多く描かれているテレビ放送に長く接していると、現実もそうしたものであると思い込みやすく、結果として不安傾向や他者への不信感が強まるとした。

【特別区 H28】

8. マコームズとショーが主張したフレーミング効果とは、政治全体を否定的なトーンで扱う報道が、政治家たちが自己の利益や生き残りばかり気にしながら行動しているというイメージを有権者に与え、政治的シニシズムを増幅させるというものである。

【国税専門官 H24改題】

5. ×
クラッパーは、マス・メディアの威力は限定的だとし、改変させる効果ではなく、むしろ既存の態度を強化する補強効果があるとした。

6. ×
アイエンガーの誤り。

7. ×
ガーブナーの誤り。

8. ×
フレーミング効果はアイエンガーらが主張した。また、本肢の説明は、ジェイミソンの「政治的シニシズムの増幅」仮説の説明である。

各国の政治制度

教養試験の社会科学でもおなじみのテーマが各国の政治制度。アメリカやイギリスのみではなく、それ以外の国についての理解も重要です。

1 権力分立

　昔、ジョン・アクトン卿は「権力は腐敗する、絶対的権力は絶対的に腐敗する」という言葉を残しました。これは、一人の権力者や機関に権力を集中させるのは、非常に危険であることを示したものです。それは絶対王政の歴史を考えれば明々白々です。そこで、**J.ロック**や**C.モンテスキュー**は、権力分立制を主張するようになりました。ただ、ロックとモンテスキューの権力分立は、その形態が異なります。次に違いをまとめてみますので確認してみてください。

ロックとモンテスキューの権力分立

1. J.ロックの権力分立（実質的二権分立）
   立法権優位→ イギリスの議院内閣制の基礎となった。
   ①議会→立法権
   ②国王→執行権、連合権（外交権）

2. C.モンテスキューの権力分立（三権分立）
   三権の抑制・均衡（「権力からの自由」を念頭）→アメリカの大統領制の基礎となった。人民主権は否定した。
   ①議会　　　→ 立法権
   ②内閣（国王）→ 行政権
   ③裁判所　　→ 司法権

まず、権力分立と言ったら、イギリス人のロックが有名です。この人は著書『市民政府二論』で、議会と国王に権力の帰属を分けたので、二権分立と呼ばれます。権力自体は立法権、執行権、連合権に分けたので三権分立？　と言いたくなるところですが、あくまでもこの人の場合は帰属先に着目して二権分立と呼ぶようです。このロックの権力分立論は**イギリスの議院内閣制の基礎**となりました。一方、ロックの影響を受けつつ、独自の権力分立論を唱えたのが、フランスのモンテスキューです。『法の精神』は超有名ですよね。この人はまさに権力を立法、行政、司法の三権に分けたので三権分立と呼ばれますね。特徴は三権相互の抑制と均衡を重視した点にあります。これを忠実に取り入れた国が**アメリカ合衆国**です。アメリカの大統領制にはモンテスキューの発想が色濃く表れています。

私はロックを参考に独自の三権分立を提唱した。三権の抑制と均衡を重視した！バランスには自信ありだよ。

C.モンテスキュー

2　各国の政治制度

1　アメリカの大統領制

アメリカの大統領制

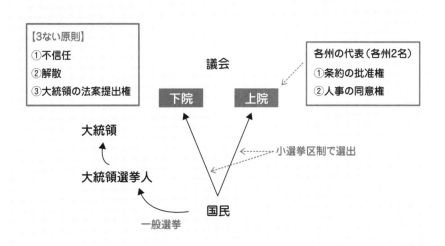

【3ない原則】
①不信任
②解散
③大統領の法案提出権

各州の代表（各州2名）
①条約の批准権
②人事の同意権

議会

下院　上院

大統領
↑
大統領選挙人

小選挙区制で選出

国民

一般選挙

① 政体 ▶

アメリカは連邦共和制の国です。50の州が強い自治権を発揮しているので、いわば50個の国が集まってできたのがアメリカ、といった感じです。また、アメリカはモンテスキュー流の厳格な三権分立をベースにした大統領制を採用しています。

② 議会 ▶

上院と下院に分かれています。この国は上院が特殊です。各州の代表という位置づけなので、各州2名で100人と決まっています。人口比例に割り付けない点がポイントです。任期は6年で、2年ごとに3分の1ずつ改選します。選挙は州単位の小選挙区制で行われています。上院のみの権限として、条約の批准権と人事の同意権があります。条約の批准権を上院が独占しているため、上院のOKをもらえずにアメリカが参加できていない条約は結構ありますね。CTBT（包括的核実験禁止条約）などはアメリカが批准しないので発効すらしていません……。また、閣僚、最高裁判事、各省のおおむね局長級以上の幹部、軍の幹部などは、大統領が指名し、上院の同意（承認）を得た上で任命しなければなりません。すなわち、国の主要人事を上院が握っているわけです。

一方、下院は、人口比例で435人選ばれます。選挙は小選挙区制で任期は2年、解散はありません。下院の権限としては、金銭法案の先議権があります。

なお、基本的にアメリカの場合は、法案審議について両院は対等です。また、委員会の権限が強いため、まず常任委員会で法案審議がなされ、そこで可決されなかった法案は本会議に提案されません。委員会で概ねすべての立法プロセスを固めてしまうわけです。これを「委員会中心主義」といいます。

> 組織の中で権力があるのは人を握っている部署と金を握っている部署なんだ。上院が人を握っている以上、パワー・バランス的に下院が金を握る必要があるんだ。だから先議権があるんだよ。

Teramoto's Trivia　ベルサイユ条約も上院が批准を拒否したから、アメリカは国際連盟に入れなかったんだ。

③ **大統領の地位・権限▶**

アメリカの大統領は、２段階のシステムで選ばれます。まず一般選挙（一般投票）によって、大統領選挙人が選出され、次にその大統領選挙人の選挙で選出されます。ですから形としては間接選挙ということになります。大統領は議員との兼職が禁止されてい

州ごとに大統領候補者が選挙人候補者名簿（自分の味方がずらーっと列挙されているもの）を作り、大統領選挙人を選任するんだ。だから有権者の投票は、その大統領選挙人一人ひとりではなく、名簿に投票する感じで行われる。大統領選挙人は538名で、その過半数とされる270名以上を獲得した候補者が、事実上大統領に決まるよ。一番票数の多かった名簿の候補者（トランプなど）が、その州に割り当てられている大統領選挙人をすべて獲得するので、これを「勝者独占方式＝ウィナー・テイク・オール」という。この方式は大半の州で行われている。

るので、議員をやめて大統領になります。これは厳格な三権分立を貫こうという発想が背景にあります。そして任期４年、３選が禁止されているので、２期８年までしかできません。大統領は、法律案や予算案を議会に直接提出することはできません。つまり、法案提出権がありません。ただし、教書という形で、自分の意見を議会に勧告することはできます。一般教書や予算教書などといった形で「こんな法律作ってほしいな～」と要望を述べることはできるということですね。「教書の送付権」といいます。また、大統領は、議会の可決した法案の署名を拒否し、その成立を妨げることができます。これを拒否権といいます。しかし、この拒否権は無敵ではありません。上下両院が３分の２以上の賛成で、再可決すれば、法案が成立します。これは「拒否権を乗り越える」という意味を込めて、オーバーライドと呼ばれています。

ちなみに、大統領は、議会に対して責任を負いませんので、議会からの不信任を受けることはありませんし、逆にその対抗手段である解散権も持ちません。これも厳格な三権分立が理由です。もっとも、非行を犯すと、議会によって、弾劾裁判で罷免されてしまうリスクがあります。弾劾

ただ、逆に言うと、これ以外では一般的に任期の途中で解任されることはないんだ。

裁判は、下院が弾劾を決定する権限を持ち、上院が裁判します。そして、上院で３分の２以上の賛成があると罷免されることになります。ちなみに、弾劾裁判で罷免された大統領はいませんが、ジョンソン大統領やビル・クリントン大統領のように、罷免されそうになった大統領はいます。

④ 閣僚（各省長官）▶

　議員以外から大統領が上院の同意を得て任命します。大統領への助言や、省務の担当が主な職責であり、閣僚は、大統領に対してのみ責任を負います。

⑤ 司法▶

　アメリカは違憲審査権を採用している国ですが、これは合衆国憲法で認められた権限ではなく<u>判例の積み重ね</u>で確立したものです。判事は大統領が上院の同意を得て任命します。いったん任命されれば、弾劾裁判によって罷免されない限り、終身の身分保障があるので、日本の裁判官よりも安定していますよね。

1803年の「マーベリー対マディソン事件」の際にマーシャル首席判事が主張したんだ。

② イギリスの議院内閣制

イギリスの議院内閣制

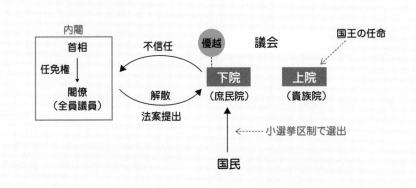

① 政体▶

　イギリスは立憲君主制で、かつ議院内閣制の国です。立憲君主制ですから、国王の権限は名目的なものにとどまります。「国王は君臨すれども統治せず」というわけですね。一方、議院内閣制は、行政部である内閣が、立法部である議会に対して連帯責任を負う仕組みです。裏を返せば立法部が行政部をコントロールするシステム

エリザベス女王はコーギー（犬）が好きで、多い時は13頭飼っていたらしい。

であるため、立法権優位というのが基本です。イギリスでは18世紀前半に、ジョージ2世の治世に、首相を任されていたR.ウォルポールが下院の信任を失った際、国王が「俺が信任するから首相を続けてくれ」と要求したにもかかわらず、「いや、議会の信任を失った内閣は総辞職するべきなのです」と言って、総辞職しました。これが責任内閣制（議院内閣制）の始まりだと言われています。また、イギリスは不文憲法の国なので、成文憲法がありません。マグナ・カルタや権利請願、権利章典などが憲法の役目を果たすとされています。ちょっと変わった政体なので、試験ではたびたび出題されています。

② 議会▶

　まず、イギリスは議会主権と呼ばれるように、議会の権威がものすごく高いということを覚えておきましょう。超立法権優位の国という認識でいいと思います。

　議会は、上院（貴族院）と下院（庶民院）からなります。上院は非民選議員で構成されていて、選挙ではなく、首相の助言により国王の任命で選ばれます。しかも終身で定数不定と、結構破天荒な感じになっています。世襲貴族、一代貴族、聖職者などからなっているのですが、近年の貴族院改革により、議員の多くは一代貴族となっており、世襲貴族の数は減っているといいます。

　一方、下院（庶民院）は普通の民選議員です。任期は5年で定数は650人、直接選挙（小選挙区制）で選ばれています。そして、日本と同じように下院が優越しています。これは1911年の議会法で成文化されました。憲法で成文化されているわけではないので注意しましょう。また、金銭法案の先議権があります。

　審議方式は、法案を提案（上程）・検討・採決の3回に分けて本会議で審議する三読会制を採用しています。これは本会議中心主義の現れであるとされます。もっとも、イギリスでも法案の採択に先立って一応委員会審議は行われます。ちなみに、イギリスは政治主導の原則が確立されているので、本会議において、面前に立って答弁を行うのは大臣です。官僚がこれを行うことは認められていません。

法案は、両議員から提出されることもあるけど、ほとんどが内閣法案提出によるものだよ。日本と同じだね。

③ 内閣▶

首相（内閣総理大臣）は、下院の第一党の党首がそのまま国王に任命されて就任します。主な権限としては、下院の解散権、国王への助言、閣僚（国務大臣）

日本のように国会による指名の議決はないよ。

の任免権などがあります。イギリスは議会主権の国で、閣僚は全員議会の議員でなければなりませんので、過半数が国会議員であれば足りるという日本とは大きく異なります。しかも、閣僚は常時閣議に出席する閣内大臣と、自分の所管事項についてのみ閣議に出席する閣外大臣とに分かれていて、数が多いのが特徴です。また、野党幹部はいつでも政権交代により政権を担当できるように「影の内閣」（シャドウ・キャビネット）を構成します。解散については2011年に議会任期固定法が制定され、解散権が制限されるようになりました。すなわち、

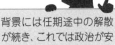

背景には任期途中の解散が続き、これでは政治が安定しないじゃないか……という批判があったんだ。

内閣不信任決議に対する解散権行使か、下院の３分の２以上の同意による解散のみが認められることとなりました。ただ、この議会任期固定法は2022年に廃止されています。

なお、イギリス下院では、首相と野党党首の討論の場であるクエスチョン・タイム（党首討論）が毎週行われます。論戦は内閣のメンバーと影の内閣のメンバーが向かい合って行われ、最前線に座っている人たちのことをフロントベンチャーと呼びます。

④ 司法▶

以前は、上院の「法服貴族」が最高裁判所の役目を果たしていました。つまり、事実上イギリスの最高裁判所は上院に置かれていたわけです。しかし、国内やEUから三権分立にするべきだとの批判が強かったため、2009年10月から、最高裁判所が上院から分離・独立されました。なお、イギリスにおいては、違憲立法審査制度は採用されていません。憲法がないですからね……。

イギリスと日本の議院内閣制の違い

	イギリス	日本
内閣総理大臣	下院（庶民院）第一党党首がそのまま国王から任命	国会議員の中から国会が指名
国務大臣	全員国会議員	過半数が国会議員
法案審議	本会議中心	委員会中心
議事の進行	三読会制	委員会→本会議
官僚	下院の本会議で内閣が官僚に答弁させることは禁止	国会審議活性化法（1999年）で、政府委員会制度が廃止されたことにより、委員会での官僚による答弁が原則禁止された。ただし、これに代わるものとして政府特別補佐人・政府参考人制度（局長級や審議官級の職員が大臣の代わりに話す制度）が導入され、細かい実務事項について、官僚に答弁させることができる。

③ フランスの半大統領制

フランスの半大統領制

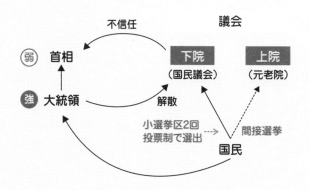

① 政体▶

　第二次世界大戦後の1946年からはじまった第4共和制下のフランスは、イギリスのような議院内閣制を採用していましたが、なかなか政権が安定しませんでした。そこで、1958年にド・ゴールが新しい憲法を制定し、第5共和制としたところで大統領制を導入しました。ただ、議会の協力を得られるよう、議院内閣制の要素も加味したので「半大統領制」と呼ばれるようになりました。要は、権限の強い大統領がいる大統領制なのだけれど、議院内閣制的な要素も併せ持っている政治体制だと思ってください。大統領制と議院内閣制の中間だから半大統領制と呼ばれている、くらいの理解でOKです。

② 議会▶

　上院（元老院）と下院（国民議会）からなっています。上院は任期が6年で3年ごとに半数ずつ改選します。日本の参議院と同じ感じです。ただ、下院議員、県議会議員、市町村議員からなる「選挙人団」が選ぶので、バリバリの間接選挙です。一方、下院は任期が5年で、国民の直接選挙（小選挙区2回投票制）で選ばれます。

　法案の審議については、両院は対等ですが、下院が予算先議権と内閣不信任決議権を持っているので、その意味で優越しています。

> 1回目の投票で有効投票数の過半数（絶対多数）を獲得できた者がいないと、第2回目の投票が行われるという仕組みだよ。

③ 大統領▶

　国民からの直接選挙で選ばれ、任期は5年、連続3選は禁止されています。大統領選挙は2回投票制が採用されています。この2回投票制では、1回目の投票で有効投票数の過半数を獲得した候補者がいる場合には、その人物が当選となるのですが、該当者がいない場合には、1回目の投票の上位2名の間で、2回目の投票（決選投票）を行います。ここでは、より多くの票を獲得した候補者が当選します。2017年のフランス大統領選では、ルペン氏とマクロン氏との決選投票の末、マクロン氏が大統領となったという経緯があります。このように中途半端な民意では大統領になれないという点がポイントです。大統領は、直接選挙で選ばれているので、強大な権限を持っています。具体的には、下院の解散権、非常大権、国民投票付託

権などを有し、首相や閣僚の任免権や閣議の主宰権なども持っています。ここで注意してもらいたいのは、下院の解散権についてです。下院が内閣不信任決議を通した場合、首相が大統領に対して辞表を提出します。この辞表は首相の大統領に対する「助けて〜」というメッセージみたいなもので、大統領は首相をそのまま見捨てて罷免するか、下院を解散するかを選択することになります。このように、不信任決議を突きつける相手と、解散をする主体が若干ずれるのが、フランスの大きな特徴なのです。

④ 首相▶

　フランスには首相（内閣総理大臣）も存在するのですが、この首相は下院多数党から（慣例）、大統領が任命することになっています。そして、首相は日常的な事務を担当していくのですが、政治的な権限は大統領がほとんど握ってしまっているため、影の薄い存在になってしまっていますね。首相は大統領と議会に対して責任を負っているため、結構大変です。また、大統領の政党と首相の政党が異なることがあり得ます。これを「コアビタシオン」といいます。例えば左派の大統領と右派の首相みたいな組み合わせになれば、保革共存政権となりますね。ただ、行政運営はやりづらいでしょうね……。

ちなみに、このコアビタシオンは過去3回生じているよ。

⑤ 司法▶

　フランスは、通常の司法裁判所とは異なる憲法評議院が置かれています。これは法律の違憲審査を行う政治機関で、憲法裁判所的な役割を果たしています。

4 ドイツの議院内閣制

ドイツの議院内閣制

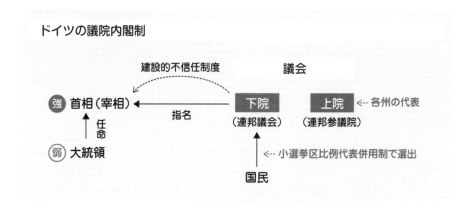

① 政体▶

　現在のドイツは、1990年にドイツ基本法（ボン基本法）によって東ドイツの州を西ドイツに加入させる形で統一されました。連邦制を採用していて、州の数は16あります。

② 議会▶

　上院（連邦参議院）と下院（連邦議会）の二院制を採用しています。上院は、連邦参議院という字面から推測できるように、各州の代表的存在です。議員は普通、各州政府の閣僚を兼任していて、州政府から必要に応じて任免されるので、選挙はありませんし、任期もありません。

定数は69で、各州の人口に応じて3〜6名が配分されます。とりあえず、16州ある各州政府の意思を代理して連邦政府に伝えるのが役目とでも思っておいてください。

　一方、下院は国民による直接選挙で選ばれ、任期は4年です。直接選挙は小選挙区比例代表併用制で行われています。連邦議会が優越してい

有権者に2票与え、小選挙区制の候補者、比例代表制の政党にそれぞれ1票ずつ投じる。各党は、比例代表制で配分された議席をまず小選挙区制の当選者に与え、その後、余った議席について比例名簿に従って順次当選者を決定していくよ。簡単に言うと、比例代表制に小選挙区制を加味した選挙制度と言える。ちなみに、ドイツ下院では比例代表制で5％以上を獲得するか、小選挙区制で3人以上当選者を出すかしないと、政党は議席をゲットできないんだ。このような制限を「阻止条項」と呼ぶ。小党乱立を防止するためのシステムだよ。

て、法案は連邦議会に先に出し、そこで可決された法案が、連邦参議院に送られます。

③ 大統領 ▶

一応国家元首なのですが、実質的権限は持っていません。というのも、下院議員と各州議会の代表者で構成される連邦会議（連邦集会）で選出され、いわばバリバリの間接選挙で選ばれているからです。任期は5年で1回に限り再選が可能となっています。議会の解散権や首相の任命権などを有しますが、実質的な権限は首相が握っているので、基本的には形式的・象徴的存在に過ぎません。

④ 首相（宰相）▶

大統領の提案に基づいて、下院が過半数の賛成で指名します。そして、大統領が任命します。任期は4年。「宰相民主主義」と呼ばれるほど、首相の権限が強いというのが特徴です。具体的には、閣僚の任免権や閣議を主宰、実質的解散権などがあります。この国は首相がとにかく強いので、議会に対して責任を負うのは首相だけという変わった国です。つまり、内閣の連帯責任という概念がないわけですね。また、ドイツでは、下院が首相に対する不信任権を持つのですが、建設的不信任制度というものが採用されています。これは、下院が後任の首相を指名しないと、首相に対する不信任の決議をすることができないというシステムです。首相は強いので、簡単には不信任を出せなくなっているわけです。1980年代に、当時の旧西ドイツのシュミット首相が不信任決議の成立により退陣したことが1度だけあります。

⑤ 司法 ▶

通常の司法裁判所とは別に連邦憲法裁判所が存在し、ここが違憲審査を行います。抽象的審査制を採用している点が特徴です。

5 中国の民主集中制

① 政体 ▶

中国は、国民代表機関としての全国人民代表大会（全人代）がほかの国家機関を組織し、これらの国家機関が全人代に責任を負う仕組みをとっています。これを「民主集中制」といいます。また、この国は憲法をも超えると言われる中国共産党が国

家の統治機関を指導しているので、中国共産党が一番偉い感じの国ですね。

② 議会▶

　全国人民代表大会（全人代）が、国家の最高権力機関であり立法府として位置づけられています。つまり一院制を採用しています。全人代の議員は国民が直接選挙で選んでいるわけではなく、地方人民代表大会から間接選挙で選出された議員と在外中国人から選出された議員からなっています。任期は５年で約3000名です。全国大会が毎年３月に開かれ、常設機関として常務委員会が置かれています。

③ 国家主席▶

　国家主席は中国の国家元首です。全人代の選挙（決定）によって選出され、任期は５年です。2018年に憲法改正があり、それまで連続３選は禁止されていたのですが、それが撤廃されました。ですから、今は再選制限がありません。国家主席はどちらかと言うと、その権限は象徴的で名誉職的なものが多いですね。

④ 国務院▶

　国務院は、中国の最高行政機関です。日本の内閣と同じようなものだと思っておきましょう。国務院総理は、国家主席の指名に基づいて全人代で選出します。任期は５年で、連続３選は禁止されています。

⑤ 司法▶

　最高人民法院が最高裁判機関です。長官や副長官、判事は全人代が選出します。

⑥　その他の国の政治制度

　ここではその他の国の政治制度を簡単にまとめていきます。試験で出題される可能性があるのはロシア、イタリア、韓国の３つです。ほかの国が出てきたら×肢だと判断して他の肢で判断してください。

ロシア・イタリア・韓国の政治制度

✓ ロシアの政治制度

政体　連邦制国家。強力な権限を持つ大統領と内閣を組織する首相がいるので混合政体である。フランスの半大統領制に近いと考えておけばほぼ大丈夫。

議会　上院は連邦院。各地方自治体からの代表2名ずつで構成。任期は概ね4〜5年。
下院は国家院。2016年9月選挙より小選挙区制と比例代表制により半数ずつ選出する制度に変更された(小選挙区比例代表並立制)。内閣不信任決議権あり。立法過程では下院が優越している。解散あり。

大統領　直接選挙。任期は6年(連続3選禁止)。閣議の主催、下院の解散権などを有する。

首相　大統領が下院の同意を得て任命。

✓ イタリアの政治制度

議会　上院は元老院。任期5年(一定の条件の下、大統領の任命を受けた者は終身)。
下院は代議院。任期5年。
※ 2017年の選挙法改正で、両院とも小選挙区制と比例代表制を組み合わせた小選挙区比例代表並立制的なものになった。両院は完全対等。

大統領　任期は7年。間接選挙で選ばれる。大統領は、議会の解散、首相の任命、外国使節の信任などの権限を持つが、形式的な権限にとどまるとされる。つまり、権限行使につき、所管大臣が連署を行い、責任を負う(大統領の無問責)。そういった意味でその権限は制約されている。

首相　首相は大統領によって任命され、各大臣も首相提案に基づいて大統領によって任命される。首相の権限は強いものの、議会の解散権(大統領が両院の解散権を持つ)や各大臣の罷免権を持たない。内閣は上下両院に対して連帯責任を負う。両院が不信任決議権を持ち、両院とも解散されることがある。これはかなりめずらしい制度である。

✓ **韓国の政治制度**

議会	一院制。任期は４年で解散はない。
大統領	国民による直接選挙により選出（全国を一区）。任期は５年で再選はできない。弾劾以外では議会から責任を問われない。
首相	国務総理と呼び、大統領が議会の同意を得て任命する。
国務会議	内閣に相当し、大統領を補佐する役割を担う。大統領、国務総理、国務委員（大臣）で構成。大統領が議長を務める。

---

3 議会制度における立法過程

1 M.モチヅキのヴィスコシティ（粘着性）

　ヴィスコシティとは、国会審議の過程で法案を簡単には通さないという粘り強さ、すなわち国会の粘着性を表す概念です。これはもともとJ.ブロンデルが提唱したものです。アメリカの政治学者**M.モチヅキ**は、日本の国会には、ヴィスコシティがあって、政府提出法案を廃案に追い込むことが比較的多かったと指摘しました。その理由としては、二院制や会期の短さ、会期不継続の原則があること、議院運営委員会の場面での全会一致の慣行などをあげました。ただ、実際は、戦後日本の内閣提出法案成立率は８割強と言われるので、若干疑問ではありますね……。

> 国会法に基づいて衆参両院に設置されている委員会。なお、国会対策委員会は政党内部で設けられている私的組織で、政党間の政治取引を行う委員会だよ。

2 N.W.ポルスビーのアリーナ型議会と変換型議会

　N.W.ポルスビーは、典型的な議会の形を２つに類型化しました。議会の呼び名と具体的な国名をちゃんと覚えておくことで確実に点数につながるので、次にまとめておきます。

アリーナ型と変換型議会

① **アリーナ型議会**

次の選挙を意識して、議員同士の論戦が繰り広げられる議会で、討論の場としての議会と覚えましょう。本会議中心主義で党首討論制度が採用されている**イギリス議会が典型**です。

② **変換型(実務型)議会**

政党や議員による意見調整を通じて、内閣や与党が提出した「法案」を淡々と可決して「法律」に変換するのが主な任務となっている議会です。立法作業が中心となり、妥協点を探ったり修正点を見つけたりするだけの議会です。委員会制度や公聴会制度が発達した**アメリカの連邦議会が典型**です。

PLAY&TRY

1. アメリカでは、厳格な三権分立制にたって、三権の抑制と均衡を図っており、大統領は、連邦議会に対して法案を提出することはできないが、連邦議会の立法に対する拒否権及び連邦議会を解散する権限を持っている。

【特別区 H28】

2. 議院内閣制の典型例はイギリスであり、大統領制の典型例はアメリカであるが、フランスの政治制度は、国民の選挙によって選出される大統領の他に首相がおり、半大統領制と呼ばれる。

【特別区 H30】

3. 議院内閣制では、内閣が議会の意思によって形成され、議会は不信任決議権で内閣をチェックする権限を持ち、大統領制をとるアメリカでは、大統領が議会を解散する権限を持っていることが特徴である。

【特別区 H30】

1. ×
連邦議会を解散する権限は有しない。

2. ○
そのとおり。
大統領の権限が強い。

3. ×
アメリカでは、大統領は議会を解散する権限を持っていない。

4. 議院内閣制では、法案の提出権は議員及び内閣に認められているが、大統領制をとるアメリカでは、大統領は議会に法案を提出することはできず、議会を通過した法案に対する拒否権も認められていない。

【特別区 H30】

4. ×
拒否権は認められている。

5. 米国の大統領は、各州及びワシントン D.C. 選出の選挙人による間接選挙によって選出される。大統領は議会が可決した法案に対する拒否権を持つが、これに対して議会は上下両院で３分の２以上の賛成で再可決すれば、拒否権を乗り越えることができる。

【国家一般職 H27】

5. ○
そのとおり。
オーバーライドである。

6. 米国の大統領制において、行政府の長である大統領は、立法府の議員とは別に国民が選んだ選挙人によって選出される。また大統領は、議会に対する法案提出権や、議会が可決した法案への拒否権を持つ。ただし、議会の上下両院がそれぞれ過半数で再可決すれば、大統領の拒否権は覆される。

【国税専門官 H30】

6. ×
大統領は、議会に対する法案提出権は持たない。また、再可決には上下両院それぞれ3分の2以上の賛成が必要である。

7. 日本は、イギリスに近い議院内閣制であり、日本、イギリスともに国務大臣は過半数を国会議員から選べばよいが、イギリスでは下院の第一党の党首が慣例的に首相に任命されるという相違点もある。

【特別区 H30】

7. ×
イギリスは、国務大臣を全員議員から選ばなければならない。

8. イギリスでは、成文の憲法典は存在していないが、議院内閣制をとっており、内閣の最高責任者である首相は、国家元首である国王が庶民院の第一党の党首を任命するという慣行になっている。

【特別区 H28】

9. 英国では、議院内閣制において、内閣の存立は議会の信任に基づいているため、上院（貴族院）が内閣不信任を決議した場合、内閣は上院を解散するか、総辞職をしなければならない。

【国税専門官 H30改題】

10. フランスでは、大統領に強大な権限が付与されており、大統領は、国民議会の解散権を持つが、議院内閣制の要素も加味されており、首相と閣僚の任免権は国民議会が持つ。

【特別区 H28】

11. フランスの第五共和制では、議会の信任に基づく首相がいる一方で、国民により直接選挙で選ばれる大統領が憲法上一定程度の行政権力を有するため、半大統領制であるといわれる。首相の任免権は議会が有しているため、首相と大統領の所属する党派が異なるコアビタシオンが起こり得るが、第五共和制となってからこれまでにコアビタシオンは発生していない。

【国税専門官 H30】

12. フランスの大統領は、国民による直接選挙によって選出される。大統領は、首相を任命し、また首相の提案に基づき政府の構成員を任命する。ただし、大統領とは党派の異なる首相が任命されることもあるため、閣議の主宰は首相が行う。

【国家一般職 H27】

---

8. ○
そのとおり。
指名を経ずにそのまま国王によって任命される点がポイント。

9. ×
不信任決議権は下院が持ち、内閣が解散できるのも下院である。

10. ×
大統領が首相と閣僚の任免権を持つ。

11. ×
首相の任免権は大統領が有している。また、これまで3回コアビタシオンが発生している。

12. ×
閣議の主宰も大統領が行う。

13. ドイツでは、連邦大統領は国家を代表する元首であり、国民の直接選挙により選出されるが、連邦首相は、連邦大統領の提案に基づき、連邦議会により選挙され、連邦大統領によって任命される。

【特別区 H28】

14. ドイツの大統領は、国民による直接選挙によって選出される。大統領は、元首としての国の内外に対してドイツ連邦共和国を代表し、首相の任命権や議会の解散権等の強い権限を有しており、首相の地位は象徴的なものである。

【国家一般職 H27】

15. 中国では、立法権を行使する最高の国家権力機関は、全国人民代表大会であるが、民主集中制はとっておらず、行政は国務院、裁判は最高人民法院が担い、三権分立制をとっている。

【特別区 H28】

16. イタリアの大統領は、国民による直接選挙によって選出される。大統領は、議会の解散、首相の任命、外交使節の信任及び軍隊の指揮権を単独で行使することができる強い権限を有している。

【国家一般職 H27】

17. 韓国の大統領は、上院議員による間接選挙によって選出される。大統領は、政治的に強い権限を持ち、首相を国会議員の中から任命するが、この人事には国会の同意は必要なく、大統領と首相が異なる党派に属することによって政治が混乱することを防いでいる。

【国家一般職 H27】

13. ×
国民の間接選挙により選出される。

14. ×
間接選挙によって選出されているため、その権限は弱く象徴的な地位にとどまる。首相が実質的な権限を行使する。

15. ×
民主集中制をとっている。

16. ×
間接選挙で選出される。

17. ×
国民による直接選挙によって選出される。また、首相を任命する際には国会の同意が必要である。

18. 我が国の国会においては、「会期不継続の原則」がとられていることや、議事運営における多数決による決定の慣行などの点から、国会の粘着性（ヴィスコシティ）が高いといわれることがある。しかしM.モチヅキは、衆議院の参議院に対する優越は圧倒的であるため、我が国の国会はヴィスコシティが低いと指摘した。

【国税専門官H30】

19. N.ポルスビーによれば、変換型議会の役割は、政党や議員による意見の調整を通じて国民の意思を法律に変換することであり、アリーナ型議会の役割は、与野党が次の選挙を意識しつつ、争点を明確にして自らの政策の優劣を争う討論の場を提供することである。大統領が法案提出権を有している米国では、連邦議会は、大統領の施策に関する争点を明確にする役割を担うことからアリーナ型議会と分類されている。

【国税専門官H28】

20. N.ポルスビーは、議会を「変換型」と「アリーナ型」に分類した。前者は内閣が提出した法案を議会が法律へと変換していくタイプであり、英国議会が典型であるとされ、後者は議員たちが次の選挙を意識して相互に政治家としての優劣を競う場としての議会という特徴を持ち、米国議会が典型であるとされる。

【国家一般職H26】

18. ×
議事運営における全会一致の慣行の誤り。また、モチヅキは日本の国会についてヴィスコシティが高いと指摘した人物である。

19. ×
米国の大統領は法案提出権を有していない。また、米国の連邦議会は変換型議会に分類される。

20. ×
「変換型」が米国議会で、「アリーナ型」が英国議会である。

政治思想1

政治思想1では古代ギリシアの政治思想、絶対王政時代の政治思想、社会契約論の3つを学習します。特に社会契約論は頻出なので注意しましょう！

1 古代ギリシアの政治思想

　古代ギリシアの政治思想は、ポリス（都市国家）を基礎とするもので、政治思想というよりも哲学です。試験では、ソクラテスの弟子であるプラトン、その弟子であるアリストテレスの思想が出題されます。とは言っても基礎的な考え方だけをさらっと学んでおけば足りますので、ふーんと思って読み流してください。

1 プラトン

　プラトンはソクラテスの弟子で、著書『国家』の中で理想国家の探求をしています。この人は、統治者階級、軍人階級、生産者階級で構成される階級国家を目指すべきだとしました。ただ、各階級は固定的なものではなく、それぞれの階級にふさわしい教育を施し、能力に応じて選抜するべきだと主張しました。そして、この統治に携わる者は私たちが生きる現象界とは別のイデア界を想起し、「善のイデア」が何であるかを理解

プラトンは、教育機関「アカデメイア」を創設して哲人王を育てようとしたんだけど、途中で哲人王がなかなか育たないという現実に直面し、「法による支配」を次善のものとして認めるようになったんだ。理想と現実は違うと気が付いたんだね。

している「哲人王」、つまり哲学者であることが望ましいとしました。これを「哲人政治」と呼びます。民主政治ではないので注意しましょう。むしろプラトンの哲人政治は、民主政治に対する疑問から生まれたものです。

2 アリストテレス

　そんなプラトンの弟子がアリストテレスです。彼は、プラトンのイデア論を批判し、現実主義に走ります。つまり、人の支配よりも法の支配を重視しました。彼によれば、ポリス（国家）は倫理的共同体であって、人間はポリスにおいてのみ、自立性を高めていくことができると主張しました。人が社会の中で様々なことを経験しながら立派な人間に成長していくというわけですね。

アリストテレスはこれを「人間はポリス的動物である」と表現しました。ゾーオン・ポリティコンです。ちなみに、この人の創設した教育機関は「リュケイオン」といいます。それから、この人は人間の資質や能力にはもともと差異があり、劣っている者が奴隷になるのは当然だ、という残念な主張もしていますね。

> ちなみに、アリストテレスは、ポリスの基礎的な構成単位である「家族」が重要な役割を果たしていると主張したよ。

　また、彼は著書『政治学』において、権力者の数と権力行使の目的の2側面から、国家の政体を分類しました（混合政体論）。それは次のような形になります。

混合政体論

	よい政治 （共通利益のための政治）	悪い政治 （統治者個人のための政治）
権力者が一人	王制	僭主制（せんしゅ）
権力者が少数	貴族制	寡頭制（かとう）
権力者が多数	国制＝ポリティア	民主制＝デモクラティア （衆愚政治）（しゅうぐ）

政治思想1

11

　ここでのポイントは、民主制＝デモクラティアを悪い政治に位置付けている点と、ポリティアこそが、現実に可能な最善の政体であるとみなした点です。

1 N. マキャヴェリ

　古代ギリシア思想からは一気に時代が下
りますが、ルネサンス期イタリア・フィ
レンツェで外交官をしていたのが**N. マキャ
ヴェリ**です。この人は、もともと共和制支
持者だったのですが、当時のイタリアの小国

N. マキャヴェリ

国家を統一できる強い
君主が必要だ。そして常
備軍による軍事力を身に
つけ侵略されない国づく
りをしていくことが大切!

分立の戦国時代に危機感を覚えて、自らの考えを改めました。その結果、強い力を
持った君主が、国家を統一していく必要性を訴えるようになりました。彼が重視し
たのは、常備軍（自国軍）による「軍事力」です。これは1章で勉強しましたね。
当時のイタリアは外国人を主体とする傭兵によって軍隊を編成していたのですが、
これではダメだと考えました。自国軍を持つことこそが、対外的に強い国家を創る
ためには必要なのだと訴えました。マキャヴェリは国家を「state」（ステート）と
呼び、これを官僚制や常備軍などの支配装置を備えた最強の統治機構とみなしまし
た。彼は著書『君主論』の中で、君主たるものはその資質として、「狐の知恵とライ
オンの見せかけ」を備えた人物が望ましいとしました。愛されるより恐れられる方
がいいと説いたのは、人民を善良な存在ではないと考えていたからです。人民なん
てもともと当てにならない存在なのだから、恐れられるくらいがちょうどいい、と
いうわけです。かなりの人間不信ですね……。そして、君主はフォルトゥーナ（運
命）に合わせて、ヴィルトゥー（能力）を発揮できる人物でなければならないとし、
場合によっては、ヴィルトゥーによりフォルトゥーナを制御する力も必要だとしま
した。簡単に言うと、チャンスに強く、自分の能力によってチャンスを手繰り寄せ
るような人物が理想だとしたのです。また、政教分離を唱えた点も一応、思い出し
ておきましょうね。

2 J. ボダン

　J. ボダンの著書は『国家論』で、初めて
国家の主権概念を唱えた人物です。時代的
にはマキャヴェリよりもちょい後くらいに

J. ボダン

主権概念を最初に提唱
したのは私だ! すごいだ
ろ! でも国家主権だけ
どね……。

Teramoto's Trivia

マキャヴェリは、ルネサンスで遊びほうけているイタリアに危機感を抱いた。チェーザレ・ボルジアを理
想の君主像としたよ。

登場したフランスの政治思想家です。主権とは、対外的に外部から干渉を受けない最高の権力のことで、絶対的かつ永続的という特徴を備えていると唱えました。ま

た、その中でも特に立法権が重要であると主張しました。ここまでは今と同じかもしれませんが、ボダンは絶対主義時代の人。統治者がこの立法権をも含めた主権を担い、統治を行っていくのがよいとしたわけです。これが、君主が主権を握る「国家主権」です。絶対王政を正当化するための主権論が、国家主権だと言って

法の支配によれば、統治者の上に法を置くんだけど、ボダンはこれとは逆の発想だよ。統治者が法より偉いと考えていているわけだ。

もいいでしょう。もっとも、君主といえどもまともな政治をしないと神から沙汰が下ると考えていたようです。それゆえ、対内的には神法や自然法、国王基本法には従わなければならないとしました。

3　社会契約論

社会契約論とは、人民相互が契約を結ぶことによって国家が成立するというという

考え方です。「国家は市民たちの契約で出来上がったんだぞ」ということで、このボトムアップ的な考えは絶対主義からの脱却を図ろうとした時代、すなわち市民革命期にはやります。社会契約論者としては、**T.ホッブズ、J.ロック、J.J.ルソー**の3人が有名なので、試験ではこの3人に出題が偏っています。

おまけにH.グロティウスも一緒に覚えておこう。この人は自然法及び国際法の父と呼ばれているんだけど、徹底した個人主義的契約観を主張し、自分の意志でどのような契約でも結ぶことができるとしたんだ。だから、各人が持つ自然権も自由に絶対君主に対して全面的に譲渡することができるとした。つまり、絶対王政を正当化したんだね。

1　T.ホッブズの社会契約論

T.ホッブズは、『リヴァイアサン』という本を書き、その中でルールも統治者もいないという自然状態では「万人の万人に対する闘争」が生じてしまうと言います。これはつまり、人々（便宜上、次の図では「市民」と明記している）は、それぞれ生命権（自己の生命保存の権利）

リヴァイアサンは、旧約聖書ヨブに出てくる巨大怪物のことだよ。絶対君主の国王（国家）をこれに例えたわけだね。

政治思想1

11

を自然権として持っているのですが、人間は利己的な生き物ゆえ、すぐにそれを相互に奪い合うような戦争状態（最悪な状態）になってしまうというのです。性悪説的な見方だと言えますね。それでは自然権を有する意味がないので、人々は相互に自然権を全面的に一人の統治者、つまり国王に譲渡する契約を結ぶべきだとしました。これがホッブズの考える社会契約です。しかし、譲渡する相手は絶対君主の国王です。そうすると、結末はなんだか目に見えている感じがしますが、国王は「自分に逆らったものは全て死刑だ」と濫用す

ることができてしまいます。つまり、ホッブズの社会契約論は、結果的には絶対王政を擁護する効果をもたらしてしまいました。

T. ホッブズ

人々は野蛮なので「万人の万人に対する闘争」になってしまう。そうなる前に社会契約を結ぶんだ!!

リヴァイアサン

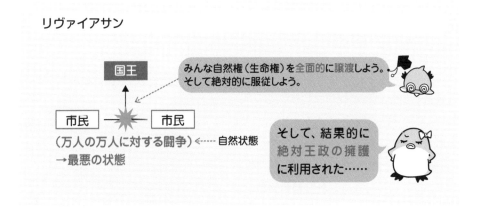

国王

市民 ← → 市民
（万人の万人に対する闘争）←‥‥自然状態
→最悪の状態

みんな自然権（生命権）を全面的に譲渡しよう。そして絶対的に服従しよう。

そして、結果的に絶対王政の擁護に利用された……

2 J.ロックの社会契約論

J.ロックは、ホッブズの反省をことごとく解消するような社会契約論を唱えました。著書は『市民政府二論』（統治二論）です。彼は、自然状態を一応平和で平等を保てる状態であると考えました。人間は殺し合い

J. ロック

自然権を信託するだけなのだから濫用は許さない。もしそうなったら抵抗権を行使すればいい!

をするような野蛮な生き物ではない、と。性善説的な見方ですね。しかし、人間の理性が及ばない領域もある（つまり不安定である）ため、自然法の解釈・執行権を政府（国王など）に信託する（委譲する）べきだとしました。彼が考えた自然権は

生命権、自由権、財産権です。特に財産権については、人は金が絡むとえげつなくなったり争いを始めたりと、理性を失うこともあるわけです。そこで、自然権の一部を国王などの政府に信託しようと考えたのです。信託ということですから「預けた」という解釈が成り立ち、もし政府が人々の信託に背く自然権の行使をしてきた場合には、革命を起こして自然権を返してもらおうと考えました。これが「抵抗権」です。全部を何も考えずに譲渡したホッブズと違う点が分かりますか？　ロックはかなり慎重な社会契約論を唱えたのです。

これらをひっくるめて「所有権」と呼んでいるよ。

　また、彼は国王の暴走を止めるため、立法権を議会が担当するようにしようと考えました。議会が立法権を担い、執行権と連合権だけを国王に担わせたわけです。これが「二権分立」です。昔からイギリスは議会主義の国で、議会主権と呼ばれるくらいに、現在も立法権が優位しています。それはこのロックの二権分立が影響しているからです。ちなみに、権力分立を唱えた社会契約論者はロックだけなので、注意しましょう。これは試験でよく出題されています。

市民政府二論（統治二論）

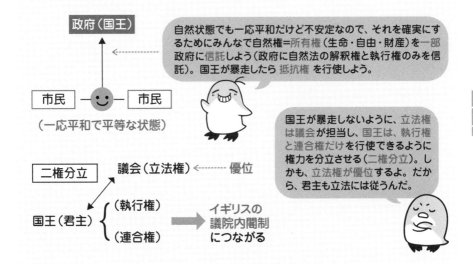

3 J.J.ルソーの社会契約論

J.J.ルソーは、『人間不平等起源論』で、
自然状態を自由と平等が実現している理想
状態ととらえました。しかし、文明の発達に
より、人間は堕落してしまったと嘆きます。
そこで『社会契約論』では、この堕落した状態
からかつての理想状態を取り戻すために、各人
は社会契約を結び、自然状態を全面的に「共同
体（人民全体）」に譲渡するべきだとしました。
ここに「共同体」とは、人民の総体を意味しま
す。ですから、自分の自然権を自分たちの集まり
に譲渡するという奇妙な社会契約となります。自
然権の譲渡相手が国王などではないというのがポ
イントですね。そして、共同体で共通の利益を実
現するルールともいうべき「一般意志」を作り、

J.J.ルソー

文明の発達は人々を堕
落させる。文明の利器は
キライだ。スマホもキラ
イ。なんちゃって。

『人間不平等起源論』は、自然状態
とは何かついて主に論じた著書。
『社会契約論』では、その自然状態
のあり方について、各人が社会契
約論を結ぶべきだと提唱したんだ。

共同体メンバーの共通の利益を
求める意志だよ。私的・個人的利
益を求める意志を「特殊意志」、
その総和を「全体意志」というの
で、ひっかけに注意しよう。

これにみんな仲良く従いましょう（絶対的に服従するということ）、というロジック
を考えます。ここから見えてくるのは、彼が主張したのは人民主権であるというこ
とです。そして、直接民主制を理想としています。ですから、この人は議会不要論
者と表現することもできるわけです。現に、選挙後の人民は奴隷と化すとして、議
会制民主主義を批判しています。ただ、人民全体が何でもかんでも関与するべきだ
という過激な立場はとっていません。つまり、人民のために手足となって働く行政官
に行政権を委任することは許されるとしました（これは契約ではなく単なる委任）。

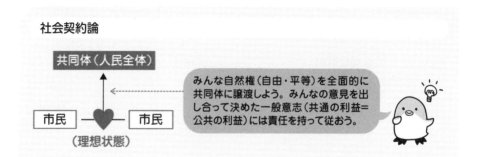

社会契約論

共同体（人民全体）

市民 —— 市民

（理想状態）

みんな自然権（自由・平等）を全面的に
共同体に譲渡しよう。みんなの意見を出
し合って決めた一般意志（共通の利益＝
公共の利益）には責任を持って従おう。

社会契約論のまとめ

	ホッブズ（英）	ロック（英）	ルソー（仏）
著書	リヴァイアサン (1651)	市民政府二論 (1690)	社会契約論 (1762)
自然状態	万人の万人に対する闘争	一応平和な状態	理想状態
自然権の内容	生命権（自己の生命保存の権利）	所有権（生命権・自由権・財産権）	自由・平等
やり方	自然権を全て国王に譲渡	自然法の解釈・執行権（一部）を政府に信託	一般意志の創設
抵抗権	なし	あり	なし
影響	結果的に絶対王政を擁護	名誉革命を擁護→後のアメリカ独立宣言に影響	フランス革命に影響

PLAY&TRY

1. プラトンは、市民全員が直接政治的意思決定に関わり、徹底的な平等を志向する古代アテネの民主政治を理想とした。

   【国家一般職 H29改題】

2. プラトンは、理想国家を統治者階級、軍人階級、生産者階級の３つの階級から構成されるものと考え、各階級は固定的・世襲的であるべきであると主張した。

   【オリジナル】

1. ×
プラトンは民主政治を批判し、哲人政治を理想とした。

2. ×
階級は固定的・世襲的ではなく、教育を通じて選抜されるとした。

3. アリストテレスは、1人による支配である「王制」や少数者による支配である「貴族制」よりも、「民主制」が優れているとし、これが理想の政体であると主張した。

【オリジナル】

4. マキャヴェリは、国家には優れた軍隊が必要であるとし、傭兵に頼るのではなく、自国軍を創設するべきであると主張した。

【オリジナル】

5. N.マキァヴェリによると、権力を獲得し、維持するために君主は誠実であることが求められることから、反道徳的な政策を常に慎まなければならない。また彼は、権力の発揮に必要な軍隊について、当時のフィレンツェにおける自国民からなる軍隊の士気が低かったことを懸念し、外国人を主体とする傭兵制度を導入すべきだと主張した。

【国家一般職H30】

6. ボダンは、16世紀後半のフランスおける宗教戦争を背景に、国家とは主権的権力を伴った正しい統治であるとして、初めて国家の主権概念を唱えた。

【オリジナル】

7. ホッブズは、社会は政府に一定の限度内で統治を信託したにすぎず、権力が専制化し、自然権を阻害する場合は、新しい政府をつくる権利である抵抗権が存在するとした。

【特別区H26】

3. ×
彼は「民主制」を悪い政治に位置付けている。

4. ○
そのとおり。
自国軍という常備軍を整えることが大切だと説いた。

5. ×
時として反道徳的な政策をも行う必要があるとした。また、自国民からなる軍隊を作るべきだとした。

6. ○
そのとおり。
ボダンの主権論はとても大切！

7. ×
ロックの記述である。

8. ホッブズは、自然状態では人間は自由で平等であったが、文明の発展によりそれらが損なわれたとき、人々は全員一致で社会契約を結び、一切の権利を共同体に委譲することでのみ自由や平等は回復できるとした。

【特別区 H26】

9. ロックは、人間は自己の生命を保存する権利を持ち、また、そのために必要な手段を獲得する権利を持つとし、人間は互いに平等であるが故に自然権を行使し、他人と対抗し、戦いを通じてでも生活を維持するとした。

【特別区 H26】

10. ロックは、自然状態では皆が平等であり、互いの自然権を侵害することはないが、自然権の保障を確実にするために、人々は相互契約を結んで政治社会を形成し、政府に自然法の解釈権と執行権のみを委譲するとした。

【特別区 H26】

11. ルソーは、人間は自然権を放棄し、契約を結んで第三者に権限を譲り渡すが、この第三者は全員の代理人であり主権者であるので、人々は主権者に対して絶対の服従を求められるとした。

【特別区 H26】

12. J.J.ルソーは、国家は私的な意志の総和を超えた一般意志によって運営される必要があるとして代表制を批判し、人民全員が政府の立法及び行政活動に直接関与しなければならないとする急進的な民主主義論を展開した。

【国家一般職 H28】

8. ×
ルソーの記述である。

9. ×
ホッブズの記述である。

10. ○
そのとおり。
一部のみを信託したということである。

11. ×
第三者ではなく、人民全体である「共同体」に譲り渡すとした。

12. ×
必ずしも人民全員が直接関与しなければならないのではなく、行政活動を委任することも必要とした。

11

政治思想1

政治思想2

政治思想2では自由主義と民主主義の2つを主として勉強していきます。毎年出題される超頻出テーマなので、確実に押さえていけば、1点ゲットまちがいなしです。

1　自由主義

　現代にも通じる自由主義は、個人の自由を尊重するためのものとして発達してきました。自由主義は、人の異質性に着目する思想で、旧体制に不満を持ったブルジョワジー、すなわち市民階級から支持されました。ただ、自由主義の内容は、時代ごとに変化をとげてきました。17世紀のJ.ロックなどから始まる初期は自然権を確保するための消極的自由が唱えられ、「国家からの自由」が重視されましたが、その後、19世紀にT.H.グリーンなどの新自由主義が登場すると、社会の共通善を達成するための積極的自由が唱えられるようになります。人権的に言うと「国家による自由」が強調されるようになったのです。20世紀には、世界恐慌に基づくニューディール政策以降、急激に福祉国家化が進展したため、この福祉国家と両立するような自由主義が唱えられるようになりました。代表論者はJ.ロールズです。この人は『正義論』を書いた人で超有名人物ですのでしっかりと勉強しましょう。

1 功利主義

　自由主義の中でも、功利主義は、人々の幸福（快楽）の増大を目指すことが道徳的な善であると考える立場です。幸福の増大という明確な目的があるため、目的論的な考え方と言えます。もともとは社会契約論をフィクションに過ぎないと批判して生まれてきた思想です。以下2人の対立をしっかり覚えましょう。

① J.ベンサム ▶

J.ベンサムは、パノプティコンという全展望囚人監視システムを考案し、囚人が自律し行動するよう促した人物として有名ですが、ここでは功利主義者としての顔を説明します。著書としては『道徳および立法の諸原理序説』があります。彼は、万人はみな平等であって、各人が主観的に考える幸福（快楽）には違いがなく（万人平等論）、そうであるからこそ、その快楽の総量を最大化するように計算することが重要だと考えました（最大多数の最大幸福）。量や数の最大化を目指したため、量的功利主義と呼ばれています。カレーはみんな好きなはずだから、カレーを100杯分作れば100人分の幸福を生みだすことができる、と考えるようなイメージを持っておくと分かりやすいと思います。政治学的には、より多くの幸福を実現するために普通選挙の必要性を説いたという点を覚えておきましょう。また、「最大多数の最大幸福」を達成するためには公職者の道徳性や質を確保すること、それから政府の干渉をおさえた自由放任経済が必要であるとしました。

J.ベンサム

> 最大多数の最大幸福を実現することが目標だ。でもみんな平等で快楽も同じという主張は少しムリがある……かもね。

② J.S.ミル ▶

J.S.ミルは、ベンサムとは異なり、人々が考える幸福（快楽）の内容には違いがあり、その一人ひとりの個性ともいうべきものを尊重するため、政府の干渉はなるべくない方がいい、としました。ベンサムのような快楽計算は否定し、人の個性に着目したため、質的功利主義と呼ばれています。カレーはみんな好きとは限らない。だから、カレーを100杯分作っても100人分の幸福は生みだされない、という感じでしょうか。彼は、その著書『自由論』においても、人々の幸福にとって、思想・良心及び言論の自由が大切であり、そのために政府は、

J.S.ミル

> 幸福を作り出すことは大切だけど人には個性があるからなぁ……。それに多数者の専制は何としてでも阻止しなければならないね。

> 彼の有名な言葉として、「満足な豚であるより、不満足な人間である方が良い。同じく、満足な愚者であるより、不満足なソクラテスである方が良い」というものがあるよ（功利主義論・第2章より）。

Teramoto's Trivia

ベンサムは産業革命時に、快楽計算機ができると本気で信じていたらしい。

私的な領域への干渉を、なるべく自粛するべきだとして
います。

なるべくとしているのは、個性や自律性を高める教育や労働などの国家政策については支持しているからだよ。

　また、ミルは著書『代議制統治論』で代議制を支持し、
選挙権については原則的に男女平等の普通選挙権がいい
と言っています。しかし、代議制における多数決が多数
者の専制につながるのはまずいと考えました。つまり、価値のある少数者の意見が
数の力で抹殺されてしまうことを恐れたわけです。そこで、少数者の意見が政治に
正しく反映されるよう比例代表制や複数投票制の採用などを唱えています。

② 理想主義（新自由主義）

　功利主義のように、自由を幸福（快楽）
を増大するためのものととらえるのではな
く、人々の人格の完成を実現するためのも
のだ考える立場が理想主義です。自由はあ
くまでも人格を形成するための手段に過ぎ

T.H. グリーン

私は理想を求める。その理想とは一人ひとりの人格の完成だ。

ないということですね。一人ひとりがなりたい自分になれるかというとなかなか難
しそうですが、それを究極の目標とするわけですから理想
主義と言われてしまうわけですね。これは**T.H.グリーン**が
提唱しました。

　そして、国家の役割は一人ひとりが人格形成に至るまで
の過程で障害となってくるもの（外的障害）を積極的に除
去することだとしました。貧困や過酷な労働条件など人々

この人はカントやヘーゲルなどの影響を受けているよ。福祉国家観の先駆け的人物なんだ。

が人格の完成に至るまでには様々な困難が付きまといます。それらの困難を施策を
通じて除去することこそが、国家の務めだと考えたわけです。例えば、義務教育制
度や生活保護制度を整えたり、労働法を整備したりすることなどが挙げられるで
しょう。つまり、ベンサムやミルは国家の積極的介入を認めなかったのに対して、
グリーンは認めたというのが特徴です。だから新自由主義と呼ばれるわけです。

🔢 現代バージョンの自由主義

① I. バーリン▶

　I. バーリンは、著書である『二つの自由
概念』において、他者から干渉を受けない
「消極的自由」（他人の干渉を排除する自由）
と他者への働きかけの自由である「積極的
自由」（自己の意思を主体的に決定していく自由）を区
別しました。そして、積極的自由は全体主義国家につ
ながる危険がある（自由への強制）と指摘し、市民に
不可欠な「自律」という視点からは、消極的自由こそ
が大切であると主張しました。このように消極的自由
を重視すると、国家の干渉は排除されるべきである、
という主張につながりますね。

I. バーリン

やっぱり基本は消極的
自由だよね。積極的自
由は危険だから。

バーリン自身がドイツの
ファシズムやスターリニズ
ムなどの全体主義を目の当
たりにしていたから、この
ような主張になったんだ。

② L. ハーツ▶

　L. ハーツは、著書『アメリカ自由主義の伝統』の中で、ヨーロッパの自由は、市
民革命を経て獲得してきたものであるため、異質な原理の存在を認める「相対的自
由」であると評価しています。かたや、アメリカの自
由は、国内的困難を乗り越えて確立してきたものでは
ないことから、異質な原理の存在を認めない「絶対的
自由」だとしました。これが、アメリカの対外的な孤
立主義と干渉主義を生み出したというわけです。

メシアニズムというよ。何
が何でも説得して、力ずく
で従わせようとするよう
な対応をとりがちなんだ。

③ F.A. ハイエク▶

　F.A. ハイエクは、全体主義や社会主義などの計画主義的な体制を「隷従への道」
と考え、強制を加えずに自然に出来上がってきた「自生的秩序」を重視しました。
つまり、慣習や道徳、市場などのような自然発生的に生じた
秩序が人々に自律性や規則性を与えるとしたのです。彼の主
張は、1980年代のアメリカ共和党の「小さな政府」の政策を
支えたとされています。このように自由を超重視する考え方

自動調整的な機能
を備えていて、合理
性が生まれるんだ。

12

政治思想2

をリバタリアニズム（自由至上主義）といいます。

④ R. ノージック▶

R. ノージックもリバタリアニズムの人で
すが、『アナーキー・国家・ユートピア』を
著し、いわゆる「権原理論」を展開したこ
とで有名です。これは、人々は自らの所有

R. ノージック

私は国家のあらゆる干渉に「NO」をつきつける。だから「ノー」ジックなんだよ。

物に対して、思いのままに処分するといった絶対的な権利を持つという理論です。
絶対的な権原を持っているという意味で権原理論というわ
けですね。このような理論に基づき、彼は政府の課税によ
る所得再分配は、限定的であるべき政府の機能を超えてい

福祉国家などの積極国家を痛烈に批判した人物だと思っておこう。

るので、所有権に対する侵害だと批判しました。課税を批
判するとはなかなか斬新ですよね。国家は、生命や契約、
所有権をはじめとする個人の権利に対する侵害を防衛するというごく限られた役割
のみを果たせばいいとしました。これを「最小国家論」と呼びます。夜警国家的な
考え方です。

⑤ J. ロールズ▶

1971年に『正義論』を発表し、一躍有名
になったのが**J. ロールズ**です。この人は幸福
（快楽）の最大化を善とする功利主義などの目
的論的なものの見方を批判し、いわば社会契
約論を現代バージョンにアレンジして、公正

J. ロールズ

私の正義の原理は2つあるよ。特に第二原理はさらに2つに分かれる。覚えづらいと言われるけど頑張って覚えてくれたまえ。

な正義とは何かを徹底的に考えました。彼の正義の原理の基礎となっているのは、
単に人々が正しい関係を築くべきであるという「義務論」的
な考え方です。

人々は、原初状態においては自由かつ平等ではあるけれども
情報制約下の「無知のヴェール」に覆われているため、自らの
能力や地位を正しく知ることができないといいます。そこで人々
は、自分が社会の中で最も不利な状況に置かれたときの行動パターンとして次の2つ

社会契約でいう自然状態のようなものと考えてみて。

Teramoto's Trivia

ノージックはイケメンで有名だよ。甘いマスクで過激な主張をくり広げる点がイケてるよね。

の原理に従うだろうとしました（マキシミン・ルールという）。これが正義の原理です。

正義の原理

✓ **第一原理（平等な自由の原理）**
　人々は、自由と両立する範囲で、最大限の平等な権利をもつという原理です。自由の中でなるべく平等になるように意思決定をするだろうということを意味しています。

✓ **第二原理（①格差原理と②機会均等原理）**
　社会的・経済的不平等は、①恵まれない人たちに最大の利益をもたらすように、かつ②機会の均等という条件の下でなければ許されないとする原理です。①は例えば社会保障などを通じて、弱者に果実をもたらすような意思決定をするということを意味し、②はチャンスがみんなに平等に与えられなければならないということを意味しています。

　なお、ロールズは、第一原理と第二原理が対立する場合には、第一原理が優先するとし、第二原理の中で①と②が対立する場合には、②が優先するとしています。

⑥ M.サンデル▶

　M.サンデルは、ロールズ批判の人として有名です。ハーバード大学の講義を邦訳した『これからの「正義」の話をしよう』でも知られていますね。この人は、ロールズの考えを、共同体から全く独立して行動できる「負担なき自我」という個人像を前提にしていて非現実的な考え方であると批判しました。サンデルは、共同体を重視する人で、その点ではアリストテレスと一緒です。人間は共同体の中で生きる生き物なのであるから、個人の能力次第で善い生き方を自由に選択できるというロールズ的な自由主義を「絵に描いた餅だ」と批判したのです。このように共同体を重視する人々のことを「コミュニタリアン」といいますが、サンデルはまさにこの立場に立っています。人間の選択を考える際には、共同体から切り離された完全なる個人を前提としていてはだめで、共同体の担い手としての人間という視点を持つ必要があると主張しました。

サンデルのほかにもA.マッキンタイアーなどがいるよ。彼らは、個人は、共同体の共通善に従って選択決定をするべきだと主張したんだ。

Teramoto's Trivia　ロールズが有名になったのは、M.サンデルがクローズアップしたからという評価もある。

2 民主主義（デモクラシー）

　民主主義は、人民による支配を特徴として備えて
いる統治形態です。つまり、誰が権力を持つの？と
いう問題に対して、一般市民が権力を持つべきだ！
という答えを持つ思想です。「治者と被治者との同
一性」（C.シュミット）と表現されることもありま
す。民主主義は、社会的な平等を実現することを究

政治を友敵関係でとらえ、主
権独裁を唱えて、ナチスを正
当化した人物だよ。独裁も民
主主義の一種と考える変わっ
た人だったんだ。

極の目的としていますので、個々人の同質性に着目する思想であると言えるでしょ
う。また、これを徹底すると社会主義につながるという指摘もあります。こんな感
じの思想ですから、都市の民衆、労働者、農民などから支持されました。自由主義
とは真逆ですね……。経済的に苦しい立場に置かれていた人たちが、平等を求めて
主張したのがこの民主主義です。ちなみに、民主主義
を最初に実現したのは、古代ギリシアのアテネなどポ
リスにおいてです。政策決定を民会で行い、官職は市
民の中から抽選で選びました。ただ、将軍職だけは選
挙で選んだようです。かの有名なアテネの指導者ペリ
クレスは、最後の15年間、連続で当選したと言われて
います。

古代ギリシアにおけるデモ
クラシーでは、女性や奴隷
を除いた市民による直接民
主主義が採られていたよ。

　なお、ヨーロッパにおいては、平等化を志向する民主主義と自由主義はそれぞれ利
益が相反するため、両者を両立させることは不可
能だと考えられていました。一方、アメリカでは
「合衆国憲法の父」でありフェデラリストのJ.マ
ディソン（共和制論者）が、直接民主制は危険だ
と主張しました（間接民主主義を主張）。また、彼
は権力分立を徹底するべきことを主張し、これが

連邦派のことだよ。州よりも連
邦政府を上位に置くべきだとい
う考えを持っている。アンチフェ
デラリスト（反連邦派）のジェ
ファーソンなどと対立したんだ。

アメリカ合衆国憲法案で、立法府・行政府・司法府の間に厳格な権力分立という形
で具現化されました。では、次に民主主義を主に研究対象とした学者を紹介してい
きます。どの人も有名なので、試験的には超重要です。

① A.トクヴィル▶

フランス人貴族の**A.トクヴィル**は、1830年代にアメリカを旅行で訪れた時の経験から、『アメリカの民主主義』を著しました。彼は、それまでヨーロッパでは対立する概念と考えられていた自由主義と民主主義が両立しうること

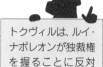

トクヴィルは、ルイ・ナポレオンが独裁権を握ることに反対して拘禁されたよ。

を発見しました。アメリカはイギリスから独立して出来上がった国ですから、もともとの精神が自由主義でした。その基盤の上に、当時アメリカ大統領であったジャクソン大統領の「ジャクソニアン・デモクラシー」が人々の間に根付いていたわけです。このアメリカでの経験から、トクヴィルは自由民主主義を唱えました。今でこそ自由民主主義は当たり前に感じますが、この思想を最初に導いたのがトクヴィルなのです。そして彼は、「諸条件の平等化」（民主化）は単にアメリカだけに見られるのではなく、あらゆる近代国家の不可避的な傾向であり、歴史の必然だとしました。ただ、同時に、過度な平等化は多数者が数の力で少数者である市民階級の自由を圧迫する危険があるのではないか、ともしています。つまり、過度な平等に対して一定の距離を置いたということです。政治が勢いや数の力で行われてしまうと「多数者の専制」を招くとしたわけですね。このトクヴィルの考えは、友達であったJ.S.ミルにも影響を与えました。多数派の力によって、社会は画一化の方向に向かってしまい、大衆社会が到来することを予期しました。ですから、トクヴィルは大衆社会論の先駆け的存在でもあります。

A.トクヴィル

過度な平等化は危険だ。なぜなら多数者の専制を招くから。僕の友達のミルも言ってただろ？

② R.Aダール▶

アメリカの政治学者である**R.A.ダール**は、著書『ポリアーキー』の中で、「デモクラシー」という言葉が、諸条件を満たした理念的・理想的な概念であるため実際には存在しないとしました。そのかわり、現実の国家で見られる民主化用語として新しく「ポリアーキー」というものを提唱しました。そして、ポリアーキーかどうかを測るために２つの指標を持ち出します。具体的には、言論の自由度を示す公的異議申立ての可能性（自由化）と、選挙権

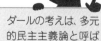

ダールの考えは、多元的民主主義論と呼ばれることがあるんだ。

の有無を示す政治に対する参加の可能性（包括性）です。ポリアーキーは、この２つの可能性が共に高い状態をいいます。例えば、日本やアメリカ、イギリスなどはポリアーキーだと判断しました。ちなみに、ポリアーキーと認められるほどには２つの指標を満たしていないけれど、一定程度満たしている体制を準ポリアーキーと呼んでいます。あと一歩でポリアーキーという近似値のことですね。

　試験では、表がそのまま出てきますので、穴埋めができるようにしておきましょう。出題パターンは２つあり得ますので、参考までに紹介します。

ポリアーキー

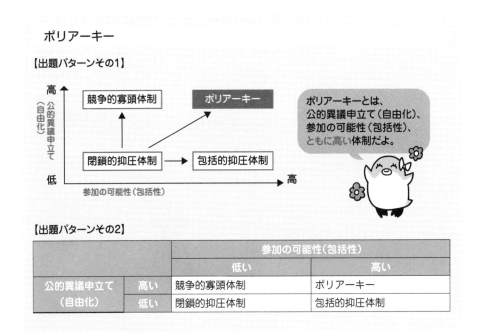

【出題パターンその1】

ポリアーキーとは、公的異議申立て（自由化）、参加の可能性（包括性）、ともに高い体制だよ。

【出題パターンその2】

		参加の可能性（包括性）	
		低い	高い
公的異議申立て（自由化）	高い	競争的寡頭体制	ポリアーキー
	低い	閉鎖的抑圧体制	包括的抑圧体制

③ A. レイプハルト▶

　民主主義は同質性に着目する考え方です。しかし、オランダの政治学者である**A. レイプハルト**は、著書『多元社会のデモクラシー』の中で、言語、民族、宗教、文化などの下位文化が多様な国（スイスやオランダやベルギー、オーストリアなどの中欧諸国）でも民主主義は安定的に根付くと主張しました。すなわち、協調を大切にして合意形成をしていけば、安定的な民主主義は根付くはずだとしたのです。このような合意型民主主義のことを「多極共存型デモクラシー」と呼びました。そ

レイプハルトはアメリカ政治学会の会長を務めた人物でもある。

して、多極共存型デモクラシーが成立する条件として、①大連合の成立、②相互拒否権、③比例制原則、④自律性の承認、の４つを挙げました。

④ J.A. シュンペーター▶

J.A. シュンペーターは、著書『資本主義・社会主義・民主主義』で、公共の利益に関する判断に対して国民は一人ひとり合理的な考えを持つことができるという命題に懐疑的な立場をとり、民主主義の本質を、

J.A. シュンペーター

選挙をすることが民主主義の第一目標だ。あとはエリートに任せておけばいい。

選挙装置（制度的装置）の存在に求めました。つまり、民主主義の第一義的な目標を、選挙を通じてエリートを選ぶことにあるとしたわけです。専ら、民主主義＝政治的指導者を選ぶ装置とみなした、ということです。そして、国民ができるのは選挙によってエリートを選ぶことまでであって、政策決定等については、統治を委任されたエリートが互いに競争する中で行えばいいと主張しました。これを「競争的エリート民主主義」といいます。このように民主主義を形式的に捉えたので、資本主義も社会主義も民主主義と結合しうると考えたわけです。

⑤ C.B. マクファーソン▶

　カナダの政治学者であるC.B. マクファーソンは、著書『自由民主主義は生き残れるか』の中で、自由民主主義体制の発展を４つに分類しました。防御的民主主義（代表者はベンサム）、発展的民主主義（代表者はミル）、均衡的民主主義（代表者はシュンペーターとダール）、参加民主主義の４つです。このうち、彼は自身が提唱した参加民主主義が素晴らしいと言います。自画自賛というやつですね（笑）。この参加民主主義とは、直接民主主義と間接民主主義とを結合させた政治参加のシステムです。前者により後者を補完するという発想で、今でいうと当たり前の考え方になります。そして、公平な社会では、より参加的な政治システムが必要とされるとしました。

⑥ A.ガットマン▶

A.ガットマンは、「熟議民主主義」を主張した女性政治学者です。人々は熟議に加わることで自由と自律を維持できると説きました。ただ、マクファーソンの参加民主主義のように、国民の政治参加を絶対条件とはしませんでした。つまり、政治家が国民に政策決定等についての説明責任を果たせばいいとしました。

討議民主主義ともいうよ。

⑦ J.フィシュキン▶

J.フィシュキンは、多元的な社会では、いろんな人が必要な情報を得た上で熟議を重ね、合意を目指すことが大切だとして、熟議民主主義の重要性を説きました。そして、こうした熟議のプロセスをサポートするために「熟議型世論調査」を提案しました。熟議を行う中で人々はどのように意見を変えていくのだろうか、と疑問に思ったのでしょう。

⑧ C.ムフ▶

C.ムフは、不公平な討議では意味がないと言います。なぜなら、討議に参加した少数派が多数派の合意をのまされてしまうからです。そこで、少数派に対して異議申立ての権利を保障し、バトルさせることが、民主主義にとっては必要なのだと説きました。このような民主主義を、闘うという意味を込めて「闘技的民主主義」といいます。

⑨ A.セン▶

A.センは、インドの経済学者、政治学者です。アジア初のノーベル経済学賞を受賞したことで有名ですが、この人の民主主義の考え方がたまに試験で出題されることがあります。彼の主張は、デモクラシーは経済発展に寄与するというものです。民主主義の世の中では選挙が行われるため、政府の経済運営が悪ければ、国民は選挙を通じて政府を罰することができます。そこで、政府は飢餓などのさまざまな危機を回避して、よい経済実績を保とうとする、と言います。

Teramoto's Trivia

ムフは女性だよ。最新本『左派ポピュリズムのために』はぜひ読んでみたいね。

① 保守主義▶

　保守主義と言えばE. バークが有名です。保守主義は、ざっくり言うと、伝統を重視しながら少しずつ改革を進めていく考え方です。彼は『フランス革命の省察』で、保守主義の立場を明らかにし、フランス革命を、急激な変革により強引に自

バークは、ブリストル演説で「議員は、選出母体の意思に拘束されない国民全体の代表者だ」（国民代表の原理）と述べたことでも有名だったよね（4章）。

由や平等という観念を作り出したがゆえに社会を混乱させた、と批判しました。彼は、イギリスの名誉革命や議会政治を擁護し、またアメリカ独立も擁護しました。

② H. アレント▶

　H. アレントは女性政治学者です。彼女は、著書『人間の条件』で、人間の営みを「労働」「仕事」「活動」の3つに分類しました。「労働」とは、生命維持にとって必要な活動力で、食糧生産などがこれにあたりま

H. アレント

人間は活動する生き物です。活動を通じて自由になれるのです。

す。「仕事」とは、創造的にモノを作り出す活動力で、家具制作や音楽、詩、絵画などの制作がこれにあたります。「活動」とは、人間が言語を通じて問題解決をしていく活動力で、簡単に言うとコミュニケーションのことです。彼女は、このうち特に「活動」を重視し、人間は「活動」によってはじめて、「自然」への従属から解放されるという意味で自由になり、一人ひとりが他とは異なるオリジナルの存在になることがで

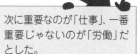

次に重要なのが「仕事」、一番重要じゃないのが「労働」だとした。

きるとしました。つまり、活動によって人間は自由になれるし、唯一無二の存在になることができると主張したわけです。

③ J. ハーバーマス▶

　J. ハーバーマスは、政治学よりも社会学で出題される傾向にありますので、ここでは超簡単に説明します。ハーバーマスは、社会的行為を分類し、その中でコミュ

政治思想2

12

ニケーション的行為（相互理解に基づく行為）を、人間の理想的な行為であるとしました。そして、人間が自由で理想的なコミュニケーションを可能とする「理想的発話状況」を備えていることが、政治的な正統性にとっては重要だとしました。

PLAY&TRY

1. ベンサムは、「自由論」を著し、人の幸福とは苦痛を避けながら快楽を増大させるものであり、社会の幸福とは、社会を構成する個人の幸福を総計したものであるとし、政治は社会全体の幸福を最大化すること、すなわち、最大多数の最大幸福を実現することを目的とすると主張した。
【特別区 H29】

2. J.ベンサムは、社会の普遍的な幸福は、その社会を構成する個々人の幸福の総計であり、国家が個々人の幸福の内容を判定するべきだと考えた。そして、統治者は被治者の全体の利益を追求すべきであるとしたが、そのために男子普通選挙制度を導入することや、議会と行政府の行動や発言を記録・公開することには否定的であった。
【国税専門官 H30】

3. J.S.ミルは、「道徳および立法の諸原理序説」において、個人の自由な領域をより明確なものとするため危害原理を提唱し、各人は自らの幸福追求において自分自身がその最終決定者であるため、何人もその本人の行為が他者に対する危害でない限り、その人の行為に制限を加えてはならないと主張した。
【特別区 H29】

1. ×
『自由論』はミルの著書である。

2. ×
ベンサムは、男子普通選挙制度の導入や議会と行政府の行動や発言を記録・公開すべきことを主張した。

3. ×
『道徳および立法の諸原理序説』はベンサムの著書である。

4. グリーンは、「アナーキー・国家・ユートピア」を著し、福祉国家的な再配分は、自由な個人の権利を侵害することになると批判して、国家の役割は暴力、盗み、詐欺からの保護と契約履行の強制に限定されるべきであるとし、このような国家のことを最小国家と呼んだ。

【特別区 H29】

4. ×
ノージックの誤り。

5. バーリンは、「二つの自由概念」において、自分の活動が他人に干渉されない状態を指す消極的自由と、他人に指図されずに自分のしたいことを自分で決定できる状態を指す積極的自由の２つの自由概念を提示し、自由への強制が正当化される可能性があるため消極的自由を批判し、積極的自由を評価した。

【特別区 H29】

5. ×
積極的自由を批判し、消極的自由を評価した。

6. I.バーリンは、自由を、他者からのいかなる干渉も受けずに自分のやりたいことを行うことができるという意味での「消極的自由」と、自分の行為や在り方を自らが主体的に決定できるという意味での「積極的自由」とに分け、民主的市民に不可欠な「自律」の条件として、後者により高い価値を置いた。

【国家一般職 H26】

6. ×
積極的自由は全体主義につながるとして、消極的自由により高い価値を置いた。

7. ロールズは、「正義論」において、正義の２原理を提示し、第１原理は平等な自由原理と呼ばれ、各人は他の人々にとっての同様な自由と両立しうる最大限の基本的自由への平等な権利を持つべきであるとし、この第１原理は格差原理と公正な機会均等原理からなる第２原理に対して優先されるとした。

【特別区 H29】

7. ○
そのとおり。
優先関係をしっかりと覚えよう。

8. J.ロールズは、『正義論』において、「平等な自由原理」、「格差原理」、「機会均等原理」といった正義についての諸原理を提示したが、その根底にあるのは、単に人々が正しい関係を築くべきであるという「義務論」的な考え方ではなく、それぞれの人にとってより善い結果がもたらされなければならないという「目的論」的な考え方である。

【国家一般職H26】

9. J.ロールズは、それまで英米圏の政治哲学において支配的であった功利主義に対し、正義を強調することで、「正義の善に対する優位」を説いた。彼は、原初状態における人間は、自由かつ平等で、自らの能力や社会的地位等について把握していることから、合理的な当事者による正義の原理の採用は期待できないとした。

【国税専門官H30】

10. M.サンデルは、J.ロールズの正義の原理について、そこでは人間が共同体の規範とは無関係に、独立した目的、利害、善悪の観念をもち、何の負担も課されていない者として描かれており、「自己」はそれが所属する社会によって構成されているという側面を捉えそこなっている、としてその限界を指摘した。

【国家一般職H25】

11. A.トクヴィルは、アメリカに見られるような物質主義的な平等社会は一方において社会の画一化をもたらす危険性があるが、他方において人々が相互に牽制しあい、そこにバランスが生ずるため、多数の暴政に陥る危険性は低くなるとして、平等社会を積極的に評価した。

【国家一般職H26】

8. ×
ロールズの正義に関する諸原理は「義務論」的な考え方であると言える。

9. ×
原初状態における人間は、自由かつ平等であるが、無知のヴェールに覆われているため、自らの能力や社会的地位等について把握することができない。ゆえに合理的な当事者による正義の原理に従うとした。

10. ○
そのとおり。
「負担なき自我」と呼んで批判した。

11. ×
多数の暴政に陥る危険性が高くなるとして、急激な平等社会とは一定の距離を置いた。

12. A. トクヴィルは、民主主義の進展は不可避の歴史的必然であるが、民主主義の制度には、多数者が数の力で少数者の権利を蹂躙する多数の暴政をもたらす可能性が内在すると主張した。彼は、民主主義の下での平等な社会における物質主義と画一化の浸透は、社会から孤立した私的な世界に閉じこもる自己中心的な個人を生み出すため、孤立した個人は容易に多数者の意向に同調してしまい、個人の自由が失われかねないと指摘した。

【国税専門官 H28】

13. A. レイプハルトは、オランダやベルギーといったヨーロッパの小国では、宗教的・言語的に多元的な下位文化が存在しており、それぞれの下位文化を代表する勢力の間での合意形成ができず、政治的対立が強まっていると指摘した。そして、安定した政治体制を実現するには、合意型民主主義よりも、英国のような、多数派の意思実現に重きを置く多数決型民主主義のほうが優れているとした。

【国家一般職 H30】

14. R. ダールは、政治体制を構成する原理として「包摂性」と「自由化」を挙げ、この両者が十分に満たされた体制を「ポリアーキー」と呼んだ。ポリアーキーにおいては、自由かつ公正な選挙によって公職者が定期的に選ばれ、市民には表現の自由や結社の自由、情報へのアクセス権などが十分に保障されている。

【国家一般職 H30】

12. ○
そのとおり。
平等は画一化や同調傾向をもたらすとした。

13. ×
合意形成がなされており、政治的な対立が弱まっているとした。また、合意型民主主義でも安定した政治体制を実現できるとした。

14. ○
そのとおり。
ちなみに「包摂性」は「包括性」のことである。

政治思想2

15. J. シュンペーターは、人々は政治について無知であり、合理的・自律的な判断は期待できず、人民の意志や公共性の利益はコントロールされた結果として作られた意志に過ぎないとして市民の理性能力に懐疑的であった。彼は、また、実質的・能動的に政治を担うのは政治エリートであり、人々は競争する政治エリートのうちの誰に政治を委ねるかを選ぶ役割を果たすこともできないとした。
【国税専門官 H28】

15. ×
人々は競争する政治エリートを選ぶ役割を果たす。

16. J. シュンペーターは、市民は公共の利益に関する判断を行う合理的で理性的な能力を持つとして、そのような市民によって選ばれたエリートによる統治が現実的に最善の結果をもたらすとする、エリート民主主義論を説いた。
【国家一般職 H28】

16. ×
市民は公共の利益に関する判断を行う合理的で理性的な能力を持たないとした。

17. H. アレントは、人間の営みを「労働」、「仕事」、「活動」の二つに分け、自然的環境への働きかけでなく、人間の間で展開する相互行為である「活動」によってはじめて、人間は「自然」への従属から解放されるという意味で自由になり、一人一人が他とは異なる存在になることができるとした。
【国家一般職 H26】

17. ○
そのとおり。
「活動」に重きを置いたことを覚えておこう。

18. H. アレントは、『人間の条件』において、人間の営みを「労働（labor）」・「仕事（work）」・「活動（action）」に分けて考え、「労働」と「仕事」は人が物に対して行う行為であるのに対し、「活動」は対等な複数の人々の間で主に言葉を通じたコミュニケーションによってなされる相互行為であるとした。彼女は、「活動」こそが本来の政治にふさわしい行為の在り方であると考えた。
【国税専門官 H30】

18. ○
そのとおり。
「活動」は対人的なコミュニケーションである。

19. J.ハーバーマスは、自由で理性的なコミュニケーションを可能とする「理想的発話状況」の達成が現実には不可能であることから、こうしたコミュニケーションを必要とせずに政治的な正統性の調達を可能とするような、自己完結的な法的システム構築の重要性を訴えた。

【国家一般職H26】

20. J.ハーバーマスは、多様な市民が政治社会の共通の事項について論じる場を公共的領域と呼び、それは私的領域や経済活動を主な目的とする社会的領域より価値が高く、質的に異なると考えた。そして、近代以降、私的領域・社会的領域により公共的領域が侵食され、古代ギリシアのポリスで行われたような対等な市民同士の言葉のやり取りを通じた活動の可能性が狭められたと批判した。

【国家一般職H29】

21. C.ムフは、多元的な社会において多様な構成員が必要な情報を得た上で討議を重ね、社会的に何らかの合意を目指すことを目的とする熟議(討論)民主主義の重要性を論じ、こうした熟議のプロセスをサポートするための制度として「熟議型世論調査」(deliberative poll)を提案した。

【国家一般職H25】

19. ×
「現実には不可能」とはしていない。また、コミュニケーションは政治的な正統性を調達するために必要である。

20. ×
細かいので気にしなくていいが、本肢はアレントに関する説明である。社会的領域を設定している点がアレントの特徴である。

21. ×
フィシュキンの誤り。

日本の政治思想

難易度 ★★★
頻出度 ★★★

頻出度は低いものの、いざ出題されたときに判断できるくらいの最低限の準備はしておきましょう。教養試験の思想で出題されることもあり、意外とコスパはよいテーマと言えます。

1　明治期の思想

　明治期の思想については、出題される人が決まっています。教養試験の思想と被るのですが、一応、有名人物だけは確認しておきましょう。

1 福沢諭吉

　お札はもちろん、『学問のすゝめ』の書き出しである「天は人の上に人を造らず、人の下に人を造らず」という言葉で有名な人ですね。**福沢諭吉**は明六社のメンバーで、人は生まれながらに自由かつ平等であるという<u>天賦人権論</u>を唱えました。この考え方は当時の<u>自由民権運動に大きな影響を与えた</u>と言われています。例えば、次にお話しする植木枝盛は、彼に影響を受けて自由民権運動に参加しました。また、福沢諭吉は国家の独立を人間の独立と重ね合わせ、「一身独立して一国独立す」と主張しました。その上で、一人ひとりが個人として知識と徳を身に着けることが重要で、他人との交際を大切にするべきだ、と唱えました。『文明論之概略』は有名ですよね。さらに、<u>日本の当面の課題はアジアからの独立</u>だとして、日本は、大陸や半島との関係を絶ち、先進国と共に進まなければならないと主張しました。これが「脱亜論」です。一方、国内政治の安定、すなわち「官民調和」の

> ただ、これが過激化する中で、明治14〜15年の頃から批判するようになったけどね。

福沢諭吉

> 私の天賦人権論は自由民権運動に大きな影響を与えた。
> 一万円札は好きですか？

Teramoto's Trivia

明六社は日本で最初の啓蒙学術団体だよ。福沢諭吉は「社長になりたくない」と拒み、森有礼が社長になった。

重要性を訴え、国会における政府と民党との協調を説きました（『時事新報』）。

2 植木枝盛

植木枝盛は、自由民権運動に加わり、私擬憲法の「（東洋大）日本国国憲按」では、人民主権、基本的人権の尊重、一院制の議会、抵抗権や革命権などを提唱しました。そして、憲法の本質を天賦の人権を保障するための手段であると位置付け、「民権は憲法の奴隷に非ず」（『高知新聞』）と主張しました。なお、この人は抵抗権や革命権を提唱したからといって、決して社会主義者ではないので注意しましょう。よって、次ページで説明する「大逆事件」とも無関係です。

3 中江兆民

中江兆民は、ルソーの『社会契約論』を翻訳した人物です（『民約訳解』）。中江兆民は、ルソーの強い影響を受けていたため、東洋のルソーなどと呼ばれていました。自由民権運動を擁護し、「自治之政」、すなわち政治社会を人民各人が自ら納める人民主権を理想としていました。また、彼は人民の合意の役割を現実に果たすのが憲法と国会であるとして、人民の参加する憲法制定議会の開催と、権限の大きな国会の開設を訴えました。この人は衆議院議員になったのですが、民党が、政府の干渉を受けて予算案を承認したことについてブチ切れ、帝国議会を「無血虫の陳列場」と罵倒して辞職していきました。結構、急進的な人ですね。

> 結局、欽定憲法である明治憲法ができてしまったのだけど、この人はこれを一応受け入れた上で、少しずつ民権を強化する方向で見直していく必要があると主張したんだ。

4 徳富蘇峰

徳富蘇峰（とくとみそほう）は、著書『将来之日本』を書いたり、1887年に民友社を設立し、雑誌『国民之友』や『国民新聞』を刊行したりした人物です。この人の思想は「平民主義」（平民的欧化主義）です。これは、政府によるトップダウン的な欧化政策を批判し、平民の側からの西洋文化を受容することで近

> 私は平民主義の挫折を経験し、帝国主義に考えを改めたのだ。

徳富蘇峰

代化を進めていこうという考えです。しかし、政治を担うべき中等階級に幻滅した
こと、日清戦争時における三国干渉にキレたことが原因で、後に帝国主義者に転身
してしまいました。

5 陸羯南

陸羯南（くがかつなん）は、新聞『日本』を発行した後、『近時政論考』を
著して、国民主義を表明しました。これは政府の安易な欧
化政策と、欧米に妥協的な不平等条約改正交渉を批判する
もので、西洋文化の批判と、日本固有の伝統を重視した国

日本主義と呼ばれる
こともあるよ。

民国家づくりを特徴としています。国粋保存主義の一種だと思っておけばいいと思
います。

6 幸徳秋水

幸徳秋水は、「万朝報」の記者として活動していましたが、日露戦争の時に『社
会主義神髄』を刊行して、非戦論を唱えました。そして、堺利彦らと平民社を設立
し『平民新聞』を発行しました。試験的には、社会主義の立場から日露戦争に反対
した人物だと思っておきましょう。ちなみに、幸徳秋水は1910年に明治天皇の暗
殺計画を首謀したという理由で逮捕され、翌年に処刑されました。これを「大逆事
件」といいます。

> ## 2 大正デモクラシー以降の思想

大正デモクラシー以降の思想としてよく出題されているのは、吉野作造と美濃部
達吉です。とりあえず、この2人は優先的に覚えるようにしましょう。

1 吉野作造

吉野作造は、雑誌『中央公論』に「憲政の本義を説いて其有終の美を済すの途を
論ず」という題名の論文を投稿し、民本主義を提唱しました。民本主義とは、国家
の政策は究極的には民衆の意向を反映したものでなければならないという考え方で
す。この民本主義は何となく民主主義と似てはいるのですが、主権を誰が持つかと

陸羯南は正岡子規を育てた人物だよ。

いう主権の所在をあいまいにしたため、天皇を主権者とする明治憲法を否定するものとは捉えられませんでした。つまり、明治憲法と両立する思想と捉えられたわけです。

2 美濃部達吉

美濃部達吉は、G.イェリネクに代表されるドイツ国法学の影響を受け、国家法人説（国家は法人格を有する団体であるという説）に基づいて、天皇機関説を主張しました。簡単に言うと、主権、すなわち統治権は国家にあるのであって、天皇はその国家の最高機関であるとする考え方です。しかし、天皇を統治権の主体と考える人たちから、「天皇が単なる国家機関の1つに過ぎないとは何ごとか！」という批判をくらいました。多くの支持を集めたのも事実なのですが、結局、貴族院で弾圧を受け、辞職するはめになってしまいました。

3 平塚らいてう

平塚らいてうは、1911年に青鞜社を結成し、雑誌『青鞜』に女性の権利を主張した「元始、女性は太陽であった」を発表しました。後に、市川房枝らと新婦人協会を結成し、第二次世界大戦後には、平和運動や婦人運動に励みました。

4 大杉栄

大杉栄は、アナーキスト（無政府主義者）として有名です。関東大震災直後に、朝鮮人を煽動して騒動を起こしたという疑いをかけられて、内縁の妻で女性運動家である伊藤野枝とともに、憲兵大尉の甘粕正彦によって殺害されてしまいました。これを「甘粕事件」といいます。

5 河上肇

河上肇は、日本の経済学者です。『貧乏物語』を著した後、マルクス経済学を研究し、マルクス主義理論に基づいた『日本資本主義発達史講座』を刊行しました。教授の職を辞してからは、共産主義の活動をするに至りました。

河上肇は日本共産党の党員にもなっていたので、検挙されて獄中生活を送ることになってしまったんだ。

6 丸山眞男

　丸山眞男は、第二次世界大戦後の民主主義思想をけん引した政治学者です。日本は第二次世界大戦前から、「自然」、すなわち「である」という価値観を重視していて、「作為」、すなわち「する」という価値観を重視してこなかったと主張しました。そして、これは戦後も同じであって、このような価値観の転換が行われていないことが、政治において民主主義の発展を妨げる大きな原因になっていると指摘しました。

PLAY&TRY

1. 福沢諭吉は、西洋の自然法思想を念頭におきつつ天賦人権論を展開し、人間は生まれながらに自由かつ平等であるとした。その上で、一人一人が個人として知識と徳を身につけることが重要であると訴え、他人との交際を重んじるべきではないとした。

【国家一般職H27】

2. 植木枝盛は、私擬憲法「日本国国憲案」を起草し、徹底した人民主権の立場から人民の抵抗権や革命権を論じ、一院制の議会を提唱したが、選挙の在り方に関する考え方の違いから、彼自身が同時期の自由民権運動に加わることはなかった。

【国家一般職H27】

3. 中江兆民は、ルソーの人民主権論と儒学の教養をもとに、民権運動を擁護した。彼によれば、政治社会とはそこにおいて各人が道義に従って自らを治めるという「自治之政」を行う場であり、人民の参加する憲法制定議会開催が必要であるとされた。

【国家一般職H27】

1. ×
他人との交際を重んじるべきであるとした（人間交際）。

2. ×
自由民権運動に加わった。

3. ○
そのとおり。
東洋のルソーと呼ばれていた。

4. 徳富蘇峰は、「将来之日本」を刊行して、平民主義を唱え、民友社を設立し、雑誌「国民之友」を創刊したが、後に帝国主義を主張するに至った。

【特別区 H30】

5. 徳富蘇峰は、新聞「日本」を発行した後、「近時政論考」を著して、国民主義を表明し、政府の安易な欧化政策と欧米に妥協的な不平等条約改正交渉を批判した。

【特別区 H27】

6. 吉野作造は、国家の政策は究極的には民衆の意向を反映したものでなければならず、そのためには民意が議会を監督し、議会が政府を監督するような制度が不可欠であるとしたが、この民本主義が大日本帝国憲法を否定する内容であったため厳しく攻撃された。

【国家一般職 H27】

7. 美濃部達吉は、イェリネクに代表されるドイツ国法学を批判し、国家は法人格を有する団体とは異なるとした上で天皇を国家の最高機関として位置付けたが、この天皇機関説は天皇を統治権の主体と考える立場からの強い批判にさらされた。

【国家一般職 H27】

8. 幸徳秋水は、「社会主義神髄」を刊行して、日露戦争への非戦論を掲げ、平民社を結成し週刊「平民新聞」を創刊したが、大逆事件により処刑された。

【特別区 H27】

4. ○
そのとおり。
思想的立場を変えたことで有名である。

5. ×
陸羯南の誤り。

6. ×
主権の所在を明らかにしなかったことから、大日本帝国憲法を否定する内容であるとはとらえられず、攻撃もされなかった。

7. ×
イェリネクに代表されるドイツ国法学に影響されて、天皇機関説を唱えた。

8. ○
そのとおり。
大逆事件は日本史でも出題されるので覚えておこう。

9. 大杉栄は、「貧乏物語」を著した後にマルクス経済学を研究し、マルクス主義理論に基づいた「日本資本主義発達史講座」を刊行した。

【特別区H27】

10. 河上肇は、雑誌「近代思想」を創刊したが、関東大震災の直後に憲兵大尉甘粕正彦によって伊藤野枝とともに殺害された無政府主義者である。

【特別区H27】

11. 丸山眞男は、第二次世界大戦後の経済的な高度成長期において、日本社会における基本的な論理が「自然」から「作為」に変化したこと、言い換えれば「である」という価値観から「する」という価値観への転換が成功したことにより、政治において、戦後民主主義の発展が可能になったと論じた。

【国家一般職H25】

9. ×
河上肇の誤り。

10. ×
大杉栄の誤り。

11. ×
日本社会における基本的な論理は、戦前・戦後を通じて「自然」(である)を尊重するというもので、転換が行われていないとした。

索引

181

Staff

編集
堀越美紀子

ブックデザイン
HON DESIGN

カバーデザイン
HON DESIGN　渡邉成美

本文キャラクター・カバーイラスト
谷仲ツナ

本文人物イラスト
えのきのこ

編集協力
髙橋奈央

著者プロフィール

寺本康之（予備校講師、公務員試験評論家）
埼玉県立春日部高等学校卒業、青山学院大学文学部
フランス文学科卒業、青山学院大学大学院法学研究
科中退。全国の生協学内講座講師、公務員試験予備
校 EYE 講師、東京法経学院専任講師を務める。大学
院生のころから講師を始め、現在に至るまで、主に
公務員試験や行政書士試験の業界で活躍中。専門は
法律科目（憲法、民法、行政法、刑法、商法・会社法、
労働法）と小論文。現在は、政治学、行政学、社会学、
社会科学、人文科学、面接指導など幅広く講義を担
当している。

寺本康之の
政治学ザ・ベスト プラス

2020年 2月4日　初版第1刷発行
2024年 4月11日　初版第2刷発行

著　者：寺本康之
©Yasuyuki Teramoto 2020 Printed in Japan
発行者：畑中敦子
発行所：株式会社 エクシア出版
　　　　〒101-0054　東京都千代田区神田錦町2-1-5-204

印刷・製本：モリモト印刷株式会社

ISBN 978-4-908804-44-1　C1030

講義のように頭に残る寺本流解説
寺本康之の公務員試験対策本

小論文・論作文の大定番

小論文の大ベストセラー！

寺本康之の小論文バイブル2025

定価：1,870円

市役所等対策に！

寺本康之の論作文バイブル

定価：1,540円

教養試験シリーズ

最小限の時間でポイントアップ！

寺本康之の社会科学ザ・ベストハイパー

定価：1,650円

寺本康之の人文科学ザ・ベストハイパー

定価：1,650円

法律系科目シリーズ

わかりやすい図示と事例・判例で大人気のシリーズ！

寺本康之の憲法ザ・ベストハイパー

定価：1,650円

寺本康之の行政法ザ・ベストハイパー

定価：1,650円

寺本康之の民法Ⅰザ・ベストハイパー[改訂版]

定価：1,760円

寺本康之の民法Ⅱザ・ベストハイパー[改訂版]

定価：1,760円

行政系科目シリーズ

最短ルートで合格レベルに達する効率的な学習をアシスト！

寺本康之の政治学ザ・ベストプラス

定価：1,430円

寺本康之の行政学ザ・ベストプラス

定価：1,320円

寺本康之の社会学ザ・ベストプラス

定価：1,320円

エクシア出版　https://exia-pub.co.jp/